Mary Ratcliffe

Übersetzungen Deutsch – Englisch 7. Schuljahr

MANZ VERLAG

5. Auflage 2004
Manz Verlag

Lektorat: Harald Kotlarz, Rottenburg
Herstellung: Karin Schmid, Baldham
Umschlaggestaltung: Werkstatt München: Weiss/Zembsch, München
Layout: Karin Schmid, Baldham
Satz: Karin Schmid, Baldham
Druck: Druckhaus Beltz, Hemsbach
Printed in Germany

ISBN 3-7863-2012-8

Inhaltsverzeichnis

Vorwort

Sandra und Anke sind zwei Freundinnen, die zusammen in die siebte Klasse gehen. Sandra hat einen älteren Bruder, Paul, der in einer Band Schlagzeug spielt. Anke hat zwei Schwestern: Lisa, die etwas ernst ist und sich von Anke nichts sagen lässt. Und dann ist da noch die kleine Hannah, eine fröhliche Grundschülerin. Diese Kinder und ihre Freunde triffst du in den Übungen immer wieder. Bestimmt wirst du Spaß daran haben, ihre Geschichten und Gespräche ins Englische zu übersetzen.

Beachte dabei einige wichtige Hinweise: Die Wörter beziehungsweise Satzteile in Klammern (   ) musst du nicht übersetzen! Sie sind teilweise für den Zusammenhang der Handlung nötig; teilweise sind es aber auch Wörter, die im Deutschen notwendig sind, im Englischen aber nicht übersetzt werden müssen. Ein Beispiel soll dir zeigen, was damit gemeint ist:

„Was werden Isabels Eltern (gerade) machen?" Wenn du diesen Satz ins Englische übersetzt und natürlich dabei das *future progressive* verwendest, dann musst du dich um das „gerade" nicht weiter kümmern, denn es „steckt" in dieser Zeitform sozusagen drin. Auch die *schräg gedruckten* Sätze brauchst du nicht zu übersetzen, sondern nur die Sätze mit einer Ziffer davor.

Die Beispiele und Erklärungen wiederholen die Verwendung der jeweiligen Grammatikform. So lästig wie sie manchmal erscheinen, sie können dir oft Zeit und Fehler bei den Übungen ersparen. Darum tust du gut daran, sie vor dem Üben noch einmal genau anzuschauen.

Wenn du mit deiner Übersetzung fertig bist, dann kannst du in den Lösungen nachschauen. Auch dort solltest du dir etwas Zeit für die zusätzlichen Erklärungen in der rechten Spalte nehmen, dann wird dir vielleicht einiges viel klarer werden.

Viel Spaß und eine gute Englischnote wünschen dir die Autorin und der Verlag!

1 Plusquamperfekt

Wenn wir in der Vergangenheit (im Imperfekt) erzählen und dabei von einem noch weiter zurückliegenden Ereignis reden wollen, gebrauchen wir das Plusquamperfekt. Diese Zeitform wird im Deutschen und Englischen ähnlich verwendet.

1. Paul war spät daran und der Film **hatte** schon **begonnen**, als er im Kino ankam.	Paul was late and the film **had** already **started** when he got to the cinema.
2. Als er zu Hause ankam, **waren** seine Eltern schon **ausgegangen**.	When he arrived home, his parents **had gone**.
3. Nachdem er **gegessen hatte**, ging er ins Bett.	After he **had eaten,** he went to bed.

➲ Für die weiter zurückliegende Handlung *(had started, had gone, had eaten)* verwendest du das Plusquamperfekt.

➲ Das Plusquamperfekt wird im Englischen mit *had* und dem *past participle* (3. Form) gebildet.

Lösung ➲ 62

Übungen:

1. Als ich anrief, hatte die Party schon begonnen.
2. Sie hatten nicht bemerkt, dass ich nicht da war.
3. Ich war zu Hause geblieben, weil ich müde war.
4. Nachdem ich die Hausaufgaben gemacht hatte, ging ich ins Bett.
5. Ich war nicht lange im Bett gewesen, als es an der Tür klingelte.
6. Meine Eltern waren ohne Schlüssel ausgegangen.
7. Ich stolperte über die Katze. Ich hatte sie im Dunkeln nicht gesehen.

Es war fünf Uhr. Hannah war gerade nach Hause gekommen. Ihre Mutter fragte sie, wo sie gewesen war. Erzähle, was Hannah gemacht hatte: (She had been at Karin's house. They'd played ...)

1. Hannah: Ich war bei Karin.
2. Wir haben drei Spiele gespielt.
3. Ich habe zweimal gewonnen.
4. Ich habe eine schöne Zeit gehabt.
5. Aber wir haben vergessen, Karins Hund zu füttern.
6. Dann bellte er und wir haben uns daran erinnert.

1. Anke: (Weißt du was?) Lisa kam gestern Abend spät heim. Sie war bei einer von Pauls Bandproben gewesen. Meinst du, sie mag ihn?
2. Sandra: Vielleicht. Hatte sie die Band schon vorher gehört?
3. Anke: Eigentlich nicht. Vorher hatte sie nur eine Kassette gehört. Sie hatte die Kassette schon lange gehabt, bevor sie sie sich anhörte.

Plusquamperfekt in der Verlaufsform **2**

Du verwendest die Verlaufsform des Plusquamperfekts, wenn du in der Vergangenheit erzählst und eine weiter zurückliegende Handlung betonen möchtest.

1. Paul **war gerannt,** deshalb war er außer Puste.	Paul **had been running,** so he was out of breath.
2. Seine Mutter hatte schmutzige Hände. Sie **hatte** im Garten **gearbeitet.**	His mother had dirty hands. She **had been working** in the garden.
3. Paul schaute den Garten an und sah, dass sie **umgegraben hatte.**	Paul looked at the garden and saw that she **had been digging.**

➲ Für die Verlaufsform des Plusquamperfekts müssen zwei Bedingungen erfüllt sein:
a) Die Handlung geschieht über einen Zeitraum, der zum Zeitpunkt der Erzählung noch sehr gegenwärtig ist.
b) Die Handlung und ihre unmittelbaren Auswirkungen stehen im Mittelpunkt.

➲ Außerdem verlangen im Plusquamperfekt normalerweise *since* und *for* die Verlaufsform, auch wenn die oben genannten Bedingungen nicht erfüllt sind.

4. Paul **spielte** seit drei Jahren / seit 1993 Schlagzeug, als er und Mario anfingen, zusammen Musik zu machen.	Paul **had been playing** the drums for three years / since 1993, when he and Mario started making music together.

Lösung
➲ 63

Übungen:

1. Es hatte geregnet, deshalb war der Boden nass.
2. Lisa war müde, weil sie hart gearbeitet hatte.
3. Papa hatte Rückenschmerzen, weil er im Garten gegraben hatte.
4. Der Hund war draußen herumgerannt und war jetzt erschöpft.
5. Er war seit sechs Uhr herumgerannt.

Es war fünf Uhr und die Familie saß um den Tisch.
1. Lisa hatte gerade gesungen und sah etwas verträumt aus.
2. Anke war noch rot im Gesicht, weil sie eine Stunde lang Volleyball gespielt hatte.
3. Hannah hatte bei einer Freundin gespielt und hatte jetzt Hunger.
4. Papa und die Katze waren auf einem Baum geklettert und sahen beide müde aus.
5. Mama hatte Kuchen gebacken. Sie hatte ihre Schürze noch umgebunden.

Am Donnerstagabend war Lisa beim Babysitten. Die Eltern kamen um halb zehn heim.

1. Sie hatten in der Turnhalle Badminton gespielt.
2. Lisa ging nicht direkt nach Hause. Pauls Band probte jeden Donnerstag und sie hatte seit einiger Zeit geplant sie anzuhören.
3. Paul spielte seit vier Jahren Schlagzeug und er war ziemlich gut.

Plusquamperfekt mit und ohne Verlaufsform

3

Jetzt musst du auf die Bedingungen für die Verlaufsform achten um zu entscheiden, welche Form angebracht ist.

1. Hannah sah komisch aus. Sie **hatte sich geschminkt** / sie **war dabei gewesen sich zu schminken**.	Hannah looked funny. She **had been painting** her face.
2. Hannah **hatte sich geschminkt** und war bereit zur Faschingsparty zu gehen.	Hannah **had painted** her face, and was ready to go to the fancy dress party.
3. Bei der Party sah ich Hannah. Sie **hatte sich geschminkt** und sah ziemlich komisch aus.	I saw Hannah at the party. She **had painted** her face and looked quite funny.

➲ Im ersten Beispiel sind alle Bedingungen für die Verlaufsform erfüllt.

➲ Wir nehmen in Beispiel 2 das Plusquamperfekt ohne Verlaufsform, weil die Folge der Handlung wichtig ist und nicht die Handlung selbst.

➲ Bei Beispiel 3 ist die Handlung „sich schminken“ nicht mehr gegenwärtig, darum müssen wir auch hier die einfache Form verwenden.

Lösung
➔ 64

Übungen:

1. Als Anke heimkam, hatte ihre Mutter das Essen schon vorbereitet.
2. Nachdem sie gegessen hatte, machte sie ihre Hausaufgaben.
3. Hannah hatte Süßigkeiten gegessen und ihr Gesicht war mit Schokolade verschmiert.
4. Sie hatte seit halb zwölf Süßigkeiten gegessen und hatte zum Mittagessen keinen Hunger mehr.

1. Als Lisa am Probenraum ankam, hatten die Jungs gerade ein neues Stück angefangen.
2. „Was meinst du dazu?“, fragte Paul, als sie den Song zu Ende gespielt hatten.
3. Er war rot im Gesicht, vielleicht weil er so energisch gespielt hatte.
4. Er war auch etwas heiser, denn er hatte laut gesungen.
   („Nicht schlecht“, antwortete Lisa, „wann ist das nächste Konzert?“
   – „Noch nicht. Wir suchen eine Sängerin.“)
5. Lisa trank ein Cola mit den Jungs. Sie hatten offenbar viel getrunken, denn leere Flaschen lagen überall herum.
6. Später, als sie im Bett lag, dachte Lisa daran, was Paul gesagt hatte.
7. „Wir brauchen eine Sängerin“, hatte er gesagt.
8. Nun, sie hatte einmal in der sechsten Klasse ein Solo gesungen und sie hatte eine schöne Stimme.
9. Seit der fünften Klasse sang sie im Schulchor.

4 *Wiederholung der Hilfsverben*

Die englischen Hilfsverben sind etwas „hilflos“ und können nicht alle Zeiten bilden; daher brauchen sie „Helfershelfer“:

können:	*can, be able to*
dürfen:	*may, be allowed to, can*
müssen:	*must, have to*
nicht dürfen:	*may not, must not, not be allowed to, can't*
nicht müssen:	*needn't, not have to*

1. Paul **kann** gut schwimmen. Hannah **kann es nicht**.	Paul **can** swim well. Hannah **can't**.
2. Paul **hat** schon immer gut schwimmen **können**.	Paul **has always been able** to swim well.
3. **Dürfen** wir schwimmen gehen?	**May** we go swimming?
4. Ja, ihr **dürft** schon.	Yes, you **may** (Kurzantwort).
5. Nächste Woche **werden** wir schwimmen **dürfen**.	We**'ll be allowed** to go swimming next week.
6. Ich **muss** heute früh ins Bett, weil ich morgen in die Schule **muss**.	I **must** go to bed early tonight, because I **have to** go to school tomorrow.

➲ Wir unterscheiden zwischen einer Entscheidung des Sprechers *(I must)* und einer Entscheidung oder Verpflichtung, die von „außen" kommt *(I have to)*. Das gilt aber nur im Präsens.

7. Ich **musste** gestern früh ins Bett, weil ich heute Morgen in die Schule musste.	I **had to** go to bed early last night, because I **had to** go to school this morning.
8. **Dürfen** wir schwimmen gehen? – Nein, das **dürft** ihr nicht. Ihr **dürft** hier **nicht** schwimmen.	**May** we go swimming? – No, you **may** not (Kurzantwort). You **mustn't** go swimming here.

➲ Im britischen Englisch heißt *may (not)* in einem längeren Aussagesatz „könnte vielleicht (nicht)" (→ Kapitel 7); „dürfen" wird in diesem Fall mit *can, be allowed to* und „nicht dürfen" mit *can't, mustn't, not be allowed to* übersetzt.

9. Letzte Woche **durften** wir **nicht** schwimmen gehen.	Last week we **weren't allowed to** go swimming.
10. Mama geht einkaufen, aber wir **müssen nicht** mit.	Mum's going shopping, but we **needn't / don't have to** go with her.
11. Mama ging einkaufen, aber wir **mussten** nicht mit.	Mum was going shopping, but we **didn't need / didn't have to** go with her.

Lösung ➲ 66

Übungen:

1. Paul kann Computer-Spiele spielen.
2. Er wird das nicht immer tun können.
3. Eines Tages wird er arbeiten müssen.
4. Du musst deine Hausaufgaben nicht jetzt machen.
5. Du darfst sie später machen.
6. In der ersten Klasse durftest du sie nicht später machen. Du musstest sie immer sofort machen.

Lisa schreibt ihrer englischen Brieffreundin einen Brief:

1. Heute Nachmittag muss ich für die Geburtstagsfeier meiner Schwester einen Kuchen backen.
2. Ich kann damit nicht länger warten.
3. Gestern musste ich in die Stadt gehen und ein Geschenk für sie kaufen.
4. Zum Glück musste ich nicht viel Geld ausgeben.
5. Morgen werde ich mich ausruhen können.
6. Es war super im letzten Sommer, als du Deutschland besuchen durftest.
7. Darf ich dich nächstes Jahr besuchen?
8. Mama sagt, dass ich mir um den Flugpreis keine Sorgen machen muss.
9. Sie wird es sich leisten können.

Die Übersetzung von „könnte“ und „konnte“ 5

Das deutsche Wort „könnte (nicht)“ wird im Englischen oft mit *could (not)* (*couldn't*) übersetzt. Typisch sind Bitten: „Könntest du ...?“, Vorschläge: „Wir könnten ...“ und Möglichkeiten: „Geh nicht zu nah an die Feuerwerkskörper! Sie **könnten** explodieren.“ – *Don't go too near those fireworks! They* ***could*** *explode.*

„Konnte (nicht)“ wird mit *could (not) (couldn't)* oder aber mit *was / were (not) able to* übersetzt.

1. Schon als Baby **konnte** Paul schwimmen.	Paul **could** (already) swim when he was a baby.
2. Einmal, als er dreizehn war, fiel ein Mädchen in den Fluss und er **konnte** es retten.	Once, when he was thirteen, a girl fell into the river and he **was able to** rescue her.
3. Sandra **konnte** schon aus der Ferne sehen, dass jemand da in Schwierigkeiten war, aber ...	Sandra **could** see from a distance that someone was in trouble there, but ...
4. ... sie **konnte** mit zehn Jahren **nicht** gut schwimmen.	... she **couldn't** swim well when she was ten.
5. Deshalb **konnte** sie ihre Freundin **nicht** retten, als sie in den Fluss fiel.	So she **couldn't** rescue her friend when she fell into the river.
6. In der Nähe war eine Telefonzelle, deshalb **konnte** Sandra schnell einen Krankenwagen rufen.	There was a phone box nearby, so Sandra **was able to** phone quickly for an ambulance.

- Wir sagen *could*, wenn wir von passiven Fähigkeiten sprechen (1 und 3).
- *Was / were able to* benutzen wir, wenn eine bestimmte Situation bewusst gemeistert (2) oder genutzt (6) wurde.
- „Konnte nicht" wird praktisch immer mit *couldn't* übersetzt (4 und 5).

Lösung
➔67

Übungen:

1. Wo könnten wir hinfahren?
2. Wir könnten zum Zoo fahren.
3. Nein, der Zoo könnte überfüllt sein.
4. Wir könnten zum Wildpark fahren.
5. Ja (Kurzantwort).
6. Könntest du mir bitte die Landkarte bringen?
7. Wo ist sie? Könnte sie im Auto sein?
8. Ja (Kurzantwort).
9. Könntest du sie mir bitte holen?

Sandra hatte früher eine Katze ...

1. Die Katze konnte Mäuse fangen.
2. Sandra konnte nur hoffen (, dass sie die Mäuse retten könnte).
3. Aber sie konnte es nicht immer schaffen.
4. Als die Katze alt wurde, konnte sie kaum mehr laufen.
5. Sie konnte den Mäusen nur noch zuschauen.

Jetzt musst du entscheiden, ob *could* oder *was / were able to* angebracht ist.

1. Lisa konnte nicht einschlafen.
2. Sie konnte nur daran denken, was an dem Tag alles passiert war.
3. Sie konnte ihren Vater in der Küche hören.
4. Konnte er auch nicht schlafen?
5. Als sie endlich einschlafen konnte, schlief sie nicht gut.
6. Im Traum konnte sie ihre Katze vor einem Feuer retten.
7. Dann wachte sie auf und roch tatsächlich Rauch.
8. Sie konnte rechtzeitig ihre Familie wecken.
9. Sie konnten alle aus dem Haus gelangen.
10. Die Feuerwehr konnte bald die Flammen löschen.

May – might 6

May als Übersetzung von „dürfen" ist uns schon begegnet (→ Kapitel 4). *May* hat aber noch eine andere Bedeutung: „könnte vielleicht".

May und *might* mit Bezug auf die Gegenwart

Wo ist Mama?	Where's Mum?
– Sie **könnte vielleicht** in der Küche sein.	– She **may** be in the kitchen.
Da brennt Licht.	There's a light on in there.
oder:	
– Keine Ahnung. Sie **könnte vielleicht** in der Küche sein.	– No idea. She **might** be in the kitchen.

May und *might* bezogen auf die Zukunft

Ich gehe jetzt spazieren.	I'm going for a walk.
– Nimm einen Regenschirm mit. Es **könnte vielleicht** regnen. Da drüben sind schwarze Wolken.	– Take an umbrella with you. It **may** rain. There are some black clouds over there.
oder:	
– Nimm einen Regenschirm mit. Es **könnte vielleicht** regnen. Das Wetter kann sich im Frühling sehr schnell ändern.	– Take an umbrella with you. It **might** rain. The weather can change very quickly in spring.

➔ Wir benutzen *may,* wenn der Kontext darauf hinweist, dass die genannte Vermutung gut begründet ist (das Licht in der Küche, die schwarzen Wolken).

➔ Wenn diese Gewissheit fehlt, nehmen wir *might*.

➔ Übrigens: Im Zweifelsfall ist *might* die sichere Wahl!

Lösung ➔68

Übungen:

Hannah und ihre Freunde spielen Verstecken. Alle sind gefunden worden außer Richard und David. Die anderen fragen sich, wo sie sein könnten. Kannst du aus der Erzählung einen Dialog machen?

Beginne so:
Hannah: They may be in the garage, because Richard likes cars.
Emilia: They may not ... .

1. Hannah meint, dass sie in der Garage sein könnten, weil Richard Autos mag.
2. Emilia sagt, dass sie vielleicht gar nicht zusammen sind, da sie sich nicht besonders gut vertragen.
3. Nico vermutet sie im Geräteschuppen, ohne einen Grund dafür zu nennen.

4. Emilia sagt, David könnte vielleicht in einem Baum sitzen. Er sieht ja wie ein Affe aus, meint sie, und kann auch wie ein Affe klettern.

Die Freunde suchen alle diese Stellen ergebnislos ab und beraten sich erneut.

5. Emilia erwähnt, dass die beiden sich vielleicht nicht verstecken; dass sie vielleicht auf dem Spielplatz sind. Sie kann diese Vermutung aber nicht begründen.
6. Dann ruft plötzlich Hannah, dass sie aus der Küche Stimmen hört. Sie meint, dass sie da sein könnten.
7. Sie meint, sie könnten vielleicht gerade Kekse essen.
8. Nico sagt, dass sie sich beeilen sollen, sonst könnten die Kekse alle weg sein.

Tatsächlich sitzen die Kerle da und futtern. Als sie die anderen sehen, lachen sie.

9. Emilia ist wütend und sagt zu Richard und David, sie würden es vielleicht lustig finden, dass es aber gar nicht lustig sei.
10. Hannah vermutet, dass ihre Mutter wegen der Kekse vielleicht böse wird.

Die Jungs gehen daraufhin in den Garten und kommen mit einem Blumenstrauß aus dem Blumenbeet von Hannahs Mutter wieder.

11. Das könnte vielleicht helfen, meinen sie.

7 *Should – ought to*

Das deutsche Wort „sollte“ (in den verschiedenen Formen) wird im Englischen mit *should* übersetzt. „Sollte eigentlich“ und „müsste (eigentlich)“ werden mit *ought to* wiedergegeben.

1. Ihr **solltet** Inline-Skating ausprobieren. Es macht Spaß.	You **should** try inline skating. It's fun.
2. Ich **müsste / sollte** eigentlich meine Hausaufgaben jetzt machen. Aber ich gehe erst einmal Rollschuh laufen.	I (really) **ought to** do my homework now. But I'm going skating first.

- So setzt sich die Form zusammen: *ought + to + infinitive*.
- Und als Verneinung: *ought not to.*
- Fragen bildest du mit: *Ought we to ...?*

Lösung ➲ 69

Übungen:

1. Andi: Wenn du dein Englisch verbessern willst, solltest du nach England fahren.
2. In England solltest du eigentlich die ganze Zeit englisch reden.
3. Robert: Sollte ich das wirklich?
4. Andi: Na ja ... du solltest es wenigstens versuchen.
5. Du solltest nicht die ganze Zeit in London bleiben.
6. Eigentlich sollte man West-England sehen.
7. Du solltest abenteuerlustiger sein.
8. Robert: Sollte ich eigentlich mit der Bahn fahren oder sollte ich fliegen?
9. Andi: Wie sollte ich das wissen?
10. Das müsstest du eigentlich für dich selbst entscheiden können.

Der Infinitiv nach Fragewörtern

8

Ein Nebensatz im Deutschen, der mit einem Fragewort „wie, wann, ob“ beginnt und ein modales Hilfsverb enthält, kann im Englischen manchmal mit einem Fragewort + Infinitiv wiedergegeben werden.

1. Ich weiß nicht, **wie ich** die Mathe-Hausaufgaben **machen soll.**	I don’t know **how to do** the maths homework.
2. Ich zeige dir, **was du machen sollst.**	I’ll show you **what to do.**
3. Weißt du, **wo du** das Komma **setzen musst**?	Do you know **where to put** the comma?
4. Paul war sich nicht sicher, **ob er** Hannah **helfen sollte** oder nicht.	Paul wasn’t sure **whether to help** Hannah or not. Oder: ... **whether** or not **to help** Hannah.

➲ Während im Deutschen die Nebensätze durch ein Komma getrennt werden, steht im Englischen kein Komma!

➲ Beachte, dass nach dem Fragewort *(how, what, where, whether)* der Infinitiv *(to do, to put, to help)* folgt.

Lösung ➲ 70

Übungen:

Paul und seine Freunde in der Band übten gerade ein neues Lied. Aber die Noten waren ziemlich schlecht geschrieben ...

1. Sie wussten nicht, wie laut sie es spielen sollten.
2. Der Sänger war sich nicht sicher, wann er zu singen anfangen sollte.
3. Paul zeigte Andi, wie er seine Stimme spielen sollte.
4. Aber Andi wusste immer noch nicht, was er spielen sollte.
5. Es gab zwei Abschlüsse und sie wussten nicht, welchen sie nehmen sollten.
6. Sie fragten sich, wo sie das Lied spielen sollten.
7. Sie waren sich nicht sicher, ob sie es überhaupt spielen sollten.

8. Sie fragten Pauls Vater, wie sie es spielen sollten.
9. Sie lernten von ihm, was sie tun sollten.

Bei der nächsten Übung kannst du sowohl *should* und *ought to* als auch den Infinitiv nach Fragewörten üben.

Anke und Sandra planen, wie sie Paul und Lisa zusammenbringen können.

1. Sandra: Komisch, Paul fragte gestern nach Lisa. Das macht er normalerweise nicht. Vielleicht mag er sie.
2. Anke: Er muss verrückt sein. Er sollte (es) besser wissen.
3. Sandra: Ach, sie ist (schon) okay, deine Schwester. Aber ich weiß nicht, ob wir es ihr sagen sollen. Wenn er sie mag, dann sollte sie es eigentlich wissen.
4. Anke: Nein, wir können es ihr nicht sagen. Ich weiß, was wir machen sollten. Wir können die beiden zu einem Basketball-Spiel einladen ...
5. Sandra: ... und wir sagen ihnen, wo sie sitzen sollen.
6. Anke: Genau. Natürlich zusammen!

Sandra und Anke versuchten es mit dieser Idee, aber es klappte nicht.

7. Lisa wusste nicht, ob sie hingehen wollte oder nicht.
8. Sie sagte, sie sollte eigentlich ihre Hausaufgaben machen.
9. Sie fragten Paul, aber er sagte ihnen, sie sollten ohne ihn hingehen.
10. Sandra: Sie sollten uns eigentlich danken. Sie sollten nicht zu allem „nein" sagen. Jetzt weiß ich nicht (mehr), was wir machen sollen.
11. Anke: Also, wir sollten nicht aufgeben. Paul geht in Diskos, oder? Lisa sollte in eine Disko gehen. Ich sage ihr, was sie anziehen und wie sie ihr Make-up auftragen soll. Eigentlich müsste sie selbst wissen, wie sie es machen soll (, aber sie ist ein hoffnungsloser Fall).
12. Sandra: Ja, versuchen wir das.

Adjektive nach bestimmten Verben

9

Manche deutschen Begriffe, die durch Verb + Adjektiv ausgedrückt werden, wie zum Beispiel „klingt toll, schaut schrecklich aus, ist langweilig", werden im Englischen sehr ähnlich wiedergegeben.

1. Du **schaust krank aus**.	You **look ill**.
2. Kein Wunder; ich **fühle mich schrecklich**.	No wonder; I **feel awful**.
3. Das Wetter **ist schön**.	The weather **is nice**.
4. Aber es soll heute Abend **stürmisch werden.**	But it's supposed **to be getting / becoming stormy** this evening.
5. Am Abend **klang** der Wind **gespenstisch**.	In the evening the wind **sounded spooky**.
6. Er **schaute sich schnell um**.	He **looked around quickly**.
7. Seine Stimme **klang hohl** durch die Gänge.	His voice **sounded hollowly** through the corridors.

➲ Beachte, dass in diesen Konstruktionen (1 bis 5) nicht das Adverb, sondern das Adjektiv *(ill, awful, spooky)* gebraucht wird.

➲ Denke daran, dass einige dieser Verben, z. B. „schauen" *(look)* auch eine Handlung und nicht einen Zustand beschreiben können. Dann musst du sie als Adverb behandeln (6 und 7).

Lösung ➲72

Übungen:

1. Der Himmel sah dunkel aus.
2. Der Wind hörte sich gespenstisch an.
3. „Das Wetter sieht schlecht aus", sagte Onkel Heini.
4. „Für unser Picknick sieht es nicht gut aus", sagte seine Frau.
5. „Vielleicht wird es aber später sonnig", meinte sie.
6. Sie war immer optimistisch.
7. Am Nachmittag wurde das Wetter schön.
8. Onkel Heini schaute den Kuchen nachdenklich an.
9. „Der Kuchen sieht komisch aus, aber er schmeckt gut", sagte Onkel Heini.
10. „Ich finde, er sieht überhaupt nicht komisch aus", meinte Tante Elspeth. „Er ist nur etwas schwarz am Rand geworden."

Die Idee mit der Disko klang toll. Anke und Sandra sagen Lisa, sie solle am Samstag in die Disko gehen ...

1. Lisa: Warum sollte ich (das)? In letzter Zeit sagt ihr zwei mir immer, was ich tun soll.
2. Anke: Ach komm, Lisa. Diskos sind lustig.
3. Lisa: Aber ich würde nicht wissen, was ich anziehen sollte. In einem Minirock schaue ich blöd aus.
4. Sandra: Du magst dich vielleicht blöd fühlen, aber du wirst toll aussehen.
5. Lisa: Ich weiß auch nicht, wie man Make-up auftragen soll.
6. Anke: Kein Problem; ich (weiß es) schon. Ich helfe dir (dabei), gut auszusehen. Gestern habe ich schnell (nach)geschaut (, was es in der Drogerie gibt). Es gibt (dort) Lippenstifte, die gut schmecken.
7. Lisa: ... und natürlich auch wunderbar riechen. Also, ihr wisst, wo ihr mich am Samstagabend finden könnt: zu Hause. Und ich werde normal aussehen, normal schmecken und normal riechen! Ihr konnt mich nicht so leicht in eine „Disko-Queen" verwandeln.

Die Stellung des Adverbs und adverbiale Nebensätze der Zeit

10

Ein Adverb steht im englischen Satz nicht immer an der gleichen Stelle wie im deutschen. Hier zeigen wir dir die Unterschiede.

1. Wir haben **gestern** Basketball gespielt.	(**Yesterday**) we played basketball (**yesterday**).
2. **Gestern** haben wir **in der Turnhalle** Basketball gespielt.	(**Yesterday**) we played basketball **in the gym** (**yesterday**).
3. Wir dürfen in der Turnhalle **oft** Basketball spielen.	We can **often** play basketball in the gym. Oder: We are **often** allowed to play basketball in the gym.
4. **Zielstrebig** versuchten wir zu gewinnen.	We tried **determinedly** to win. (Art des Versuchens: Bezugswort ***tried***) Oder: We tried to win **determinedly** (Art des Gewinnens: Bezugswort ***win***).
5. Wir haben uns **leise** umgezogen (und dann ...)	We got changed **quietly**. Oder: We **quietly** got changed, and then ...
6. Wir spielen in der Turnhalle **oft** Basketball.	We **often** play basketball in the gym.

- **Adverbien der Zeit** (1) kommen immer an den Satzanfang oder an das Satzende.
- Wenn Adverbien der Zeit und des Orts nebeneinander stehen (2), dann gilt die Regel: **Ort vor Zeit**.
- Ein **Adverb der Häufigkeit** *(often, never, sometimes)* kommt direkt vor das Vollverb (3).

➲ **Adverbien der Art und Weise** (4) können innerhalb des Satzes oder aber am Ende stehen. Betonung und Kontext spielen dabei eine Rolle (4 und 5).

➲ Noch eine goldene Regel: Anders als im Deutschen steht ein englisches Adverb **nie zwischen Verb und direktem Objekt** (6).

Zeitangaben sind nicht nur mit einem Adverb der Zeit möglich, sondern können auch durch einen Nebensatz erfolgen:

1. **Wenn Paul nach Hause kommt**, wird er sofort mit seinen Hausaufgaben anfangen.	**When Paul arrives home** he'll start his homework straight away.
2. Montags geht er schwimmen, **sobald er fertig ist.**	On Mondays he goes swimming **as soon as he's finished**.
3. **Nachdem er 100 Meter geschwommen ist,** wird er sich etwas zum Essen kaufen.	**After he has swum 100 metres** he'll buy himself something to eat.
4. Hannah kommt oft zum Hallenbad, **bevor Paul aufhört zu schwimmen.**	Hannah often comes to the swimming pool **before Paul has finished swimming.**
5. **Als er zwölf Jahre alt war,** machte er eine Prüfung.	**When he was twelve,** he took a test.
6. Er konnte / durfte niemanden retten, **bis er die Prüfung bestanden hatte.**	He couldn't rescue anybody **until he had passed the test.**

➲ Bestimmte Konjunktionen *(as soon as, after, before)* können einen Nebensatz der Zeit (1 bis 3) einleiten.

➲ Beachte die **Zeitenfolge** in den englischen Beispielsätzen: *simple present* → *will-future* (1); *present perfect* → *will-future* (3); *simple past* → *simple past* (5).

Übungen:

Lösung ➲74

In dieser Übung verwendest du nur einfache Adverbien (keine adverbialen Nebensätze der Zeit).

1. Gestern in der Schule redete Anke mit Sandra über Lisa.
2. Sie denkt heute noch daran.
3. In der Pause isst sie meistens eine Semmel.
4. Heute morgen aß Anke schnell ihre Semmel.
5. Es hatte leider geregnet und draußen war alles total nass.
6. Trotzdem gingen Anke und Sandra hinaus.
7. Zum Glück fanden sie bald einen trockenen Platz, wo sie sich in Ruhe unterhalten konnten.
8. „Heute Nachmittag werde ich meine Oma im Altersheim besuchen", sagte Sandra.
9. „Du könntest eigentlich mitkommen."
10. Nachdenklich fügte sie hinzu: „Sie ist schrecklich alt. Sie kann nicht sehr gut sehen. Ich muss ihr oft etwas vorlesen. Du liest besser als ich."
11. Anke fragte nervös: „Ist sie nett? Muss ich sehr höflich sein?"
12. Sandra sagte beruhigend: „Du solltest sie natürlich höflich begrüßen und du musst deutlich reden, denn sie hört nicht gut. Aber du wirst sie wahrscheinlich mögen. Sie wird dich auch bestimmt mögen. Sie mag junge Leute sehr und Paul besucht sie fast nie."

Hier kannst du sowohl die Stellung des Adverbs wie auch adverbiale Nebensätze der Zeit üben.

1. „Ich war heute Morgen in der Schule nicht besonders nervös", meinte Anke, „aber jetzt bin ich es. Immer, wenn ich jemanden kennen lerne, bin ich sehr schüchtern."
2. „Das glaube ich nicht. Du bist nie schüchtern! Seitdem ich dich kenne, bist du immer fröhlich und unkompliziert gewesen. Und wenn du meine Oma siehst, wirst du keine Angst mehr haben."
3. „Solange ich sie nicht gesehen habe, glaube ich das nicht", sagte Anke.
4. Als sie im Altersheim angekommen waren, zogen sie ihre Jacken aus. In Altersheimen ist es normalerweise sehr warm.

5. Als Anke Sandras Oma sah, wurde sie viel ruhiger. Die Oma war sehr nett und lachte oft.
6. „Bevor ihr gekommen seid, war es mir langweilig. Wenn mir langweilig ist, denke ich immer an die Vergangenheit. Als ich jung war, war alles anders. Als ich so alt war wie ihr, gab es keine Waschmaschinen und keine Flugzeuge. Jeder hat jetzt eine Waschmaschine."
7. „Das ist aber gut (so), Oma", meinte Sandra sanft. „Bevor Mama eine Waschmaschine hatte, hat sie immer über das Waschen geschimpft. Letzte Woche im Museum haben wir einen alten Zuber gesehen. Du hattest wahrscheinlich auch so einen, als du jünger warst, oder, Oma?"
8. „Ja. Das habe ich dir wahrscheinlich schon erzählt. Man musste damals hart arbeiten."
9. „Natürlich. Wenigstens haben wir aber noch kein Flugzeug", kicherten die Mädchen.
10. „Das stimmt", lachte Oma. „Wenn ihr eins bekommt, möchte ich unbedingt mitfliegen."
11. „Du musst warten, bis wir das Geld beisammen haben. Wenn ich einen Millionär geheiratet habe, werde ich natürlich ein privates Flugzeug besitzen und du kannst jederzeit überallhin mitfliegen."
12. Die drei verbrachten einen schönen Nachmittag zusammen. Anke las der Oma laut und deutlich die Zeitung vor, nachdem sie Fotos angeschaut hatten. Dann gingen die Mädchen nach Hause, bevor es dunkel wurde.

Die Frageformen „what, where …?; shall I / we …?; could you / would you …?“

11

Wenn wir einen Wunsch erfragen oder einen Vorschlag machen wollen, können wir dies mit *shall I* ausdrücken. Wir sagen *could you* oder *would you*, wenn wir höflich um etwas bitten oder einen Vorschlag höflich ausdrücken möchten. Deutsch und Englisch sind sich hier sehr ähnlich, sodass die Übersetzung kein Problem darstellen dürfte.

1.	**Soll ich** Karten für das Kino besorgen?	**Shall I** buy some tickets for the cinema?
2.	Wo **sollen wir** uns treffen?	Where **shall we** meet?
3.	**Sollen wir** uns am Kino treffen?	**Shall we** meet at the cinema?
4.	**Würdest** du mich abholen?	**Would** you pick me up / call for me?
5.	OK. **Könntest** du einen Schirm mitbringen?	OK. **Could** you bring an umbrella with you?

➲ „Sollen“ darf nur in der 1. Person (Singular und Plural) als *shall* übersetzt werden. Schau dir einmal das folgende Beispiel an, wo es sich um die 3. Person Singular handelt: **Soll** mein Bruder die Karten besorgen? – ***Should** my brother buy the tickets?*

Lösung
➲77

Übungen:

Wir schauen bei der Bandprobe der Jungen zu. Paul ist der Schlagzeuger und seine Freunde Mario, Robert und Andi spielen jeweils Gitarre, Keyboard und E-Bass.

1. Mario: Wir müssen für diese Party im Oktober proben. Dort müssen wir ungefähr zwei Stunden lang spielen.
2. Robert: OK. Womit sollen wir anfangen? Könnten wir „Over the Moon" spielen?
3. Andi: Ja, warum nicht? Sollen wir zuerst stimmen? Würdest du uns ein „E" geben, Robert?
4. Robert: *(Spielt ein „E".)* Seid ihr alle fertig? Sollen wir anfangen? *(Sie fangen an, „Over the Moon" zu spielen.)*
5. Paul: (Moment mal!) Könnten wir den Anfang noch einmal spielen? Wie soll ich diesen Rhythmus spielen? Soll ich ihn so spielen ... oder so ...?
6. Robert: Das zweite war besser. Könntest du das noch einmal machen? *(Paul wiederholt es.)*
7. Robert: Ja, das ist toll. Sollen wir weitermachen? *(Sie spielen den ganzen Song.)*
8. Andi: Könnten wir es noch einmal spielen? Wir sind am Ende langsamer geworden. Sollte es so sein?
9. Mario: Nein, eigentlich nicht. Paul, würdest du bitte den letzen Teil noch einmal spielen?
10. Paul: Sollen wir es alle spielen oder soll ich es allein spielen?

Präsens mit futurischer Bedeutung: einfache Form und Verlaufsform

12

Wie im Deutschen können wir auch im Englischen das Präsens für zukünftige Ereignisse verwenden. Im Englischen gibt es aber zwei Formen: die Verlaufsform und die einfache Form. Und diese zwei Formen decken unterschiedliche Bedeutungsbereiche ab.

1. **Ich fange** morgen mit einem Malkurs **an.**	**I'm starting** an art course tomorrow.
2. **Er wird** in einem Atelier **gehalten.**	**It's being held** in a studio.
3. Wie **kommst** du da hin?	How are you **getting** there?
4. **Ich fahre** mit dem Bus.	**I'm going** by bus. / **I'm taking** the bus.
5. Der Kurs **beginnt** um 19 Uhr.	The course **begins** at 7 p.m.
6. Es gibt einen Bus, der um fünf nach halb **fährt.**	There's a bus that **leaves** at twenty-five to.

- Das einfache Präsens *(simple present)* ist das „Fahrplan-Präsens", das wir benutzen, wenn etwas nach festgelegtem und möglicherweise gedrucktem Plan geschieht (5 und 6).
- Wenn es sich um eine Vereinbarung handelt (hier kann man das Teilnehmen an dem Kurs als eine Art Vereinbarung betrachten), verwenden wir die Verlaufsform *(present progressive)* (1 bis 4).
- Um statt Futur *(will, going to)* das Präsens zu verwenden, brauchen wir irgendwo eine Zeitangabe, die auf die Zukunft verweist (zum Beispiel *tomorrow*).
- Beachte allerdings: Im Deutschen wird Präsens mit futurischer Bedeutung viel häufiger verwendet. Und in vielen dieser Fälle ist im Englischen nur das Futur mit *will* oder *going to* möglich.

Lösung 78

Übungen:

Hier kannst du die Verlaufsform *(present progressive)* üben.

1. Karl: Kommt Sandra zu Carolas Party am Samstag?
2. Julia: Nein, am Samstagabend ist sie beim Babysitten.
3. Karl: Und kommt Anke?
4. Julia: Leider nicht. Am Samstagnachmittag spielt sie in einem Basketballmatch, und am Abend geht sie in ein Konzert mit ihren Eltern. Ihre Schwester spielt ein Solo im Konzert.

Hier passt nur *simple present*.

1. Karl: Wann ist eigentlich die Party?
   Julia: An diesem Samstag.
2. Karl: Und wann fängt sie an?
3. Julia: Sie beginnt um acht. Es gibt einen Bus, der um Viertel vor acht hier abfährt. Er kommt um fünf nach acht an.
4. Karl: Um wie viel Uhr ist die Party zu Ende?
5. Julia: Na ja, sie ist dann zu Ende, wenn alle nach Hause gehen, natürlich. Aber der letzte Bus fährt um fünf nach elf ab.

Jetzt musst du dir selbst überlegen, ob die Verlaufsform oder die einfache Form geeignet ist.

Wir sind wieder bei der Bandprobe.

1. Mario: Wir spielen auf einer Party im Oktober. Wisst ihr alle, wann sie beginnt?
2. Paul: Nein, ich nicht.
3. Mario: Die Party fängt um acht an.
4. Andi: Wie lange spielen wir?
5. Mario: Wir spielen zwei Stunden.
6. Paul: Wer bringt das Schlagzeug dorthin?

7. Mario: Daran habe ich schon gedacht. Mein Vater fährt es in seinem Lastwagen.
8. Robert: Und weißt du, um wie viel Uhr die Party zu Ende ist? *(to finish)*
9. Mario: Die Party ist um zwölf Uhr zu Ende. Um zwölf fährt uns mein Vater heim.

Zukünftiges mit „will" und „going to" ausgedrückt 13

Wenn keine Zeitangabe steht oder es vom Kontext her klar ist, wird im Englischen üblicherweise eine der zwei Formen für das Futur verwendet: *will* oder *going to*.

1. Deine Musik ist mir zu laut. Ich **mache** die Tür **zu**.	Your music is too loud for me. I'm **going to shut** the door.
2. Ach, es tut mir Leid. **Ich drehe** sie herunter.	Oh, I'm sorry. **I'll turn** it down.
3. **Ich werde** jetzt meine CDs **ordnen**.	**I'm going to sort out** my CDs now.
4. **Ich helfe** dir!	**I'll help** you!
5. Höre dir dieses Lied mal an. Ich glaube, **es wird dir gefallen**.	Listen to this song. I think **you'll like it**.
6. Moment mal. Ich glaube, **ich werde gleich niesen**.	Just a moment. I think **I'm going to sneeze**.

➲ Wir verwenden *going to* bei schon überlegten Vorhaben (1 und 3) und bei Ereignisse, die anscheinend unvermeidlich sind (6).

➲ Wenn es sich um eine neue oder spontane Idee handelt, sagen wir *will* (2 und 4).

➲ Auch wenn wir etwas vorhersagen wollen, das nicht zwangsläufig erfolgen wird, nehmen wir *will* (5).

➲ Bei Vorhersagen, für die man vielleicht oder vielleicht auch nicht Gründe nennen könnte, sind sowohl *will* als auch *going to* möglich: Ich glaube, (hoffe, vermute, nehme an ...), dass das Wetter später schön wird. – *I think (hope, guess, suppose ...) (that) the weather will be / is going to be nice later.*

Lösung ➲80

Übungen:

Es handelt sich bei dieser Übung nur um geplante *(going to)* und ungeplante Vorhaben.

1. Lisa: Könntest du bitte aus meinem Zimmer gehen? Ich werde jetzt Geige üben.
2. Hannah: Kein Problem. Ich höre zu.
3. Lisa: Nein (Kurzantwort). Ich werde allein üben.
4. Hannah: OK, dann gehe ich hinaus.
5. Lisa: Papa wird heute Nachmittag dein Fahrrad reparieren.
6. Hannah: Ich weiß schon. Ich werde ihm dabei helfen.

Hier geht es um Vorhersagen, bei denen das Ereignis unvermeidlich *(going to)* beziehungsweise offen *(will)* erscheint. In einigen Fällen ist auch beides möglich.

1. David: Dieser Berg ist sehr steil. Es wird schwer sein ihn hochzuradeln.
2. Nico: Das macht nichts. Ich bin sicher, dass wir es schaffen werden.
3. David: Ich hoffe, dass es da oben ein Restaurant gibt.
4. Wenn wir da ankommen, werden wir durstig sein.
5. Nico: Schau die zwei Rennradfahrer an. Wer wird als erster oben sein, was meinst du?
6. David: Ich bin sicher, dass der in Rot gewinnen wird.
7. Nico: Aber sie sind fast da und der andere liegt vorn. Schau ... er wird gewinnen!

In dieser Übung kommen sowohl Vorhersagen als auch Vorhaben vor.

1. Anke: Was soll ich heute Nachmittag machen? Ich weiß (etwas)! Ich backe einen Kuchen.
2. Hannah: Cool! Anke wird einen Kuchen backen. Was für ein Kuchen wird es werden, Anke?
3. Anke: Ich weiß es noch nicht. Ich hole das Kochbuch. Ah, es steht hier „Schokoladenkuchen". Ich werde einen Schokoladenkuchen backen.
4. Hannah: Ich helfe dir. Was wirst du zuerst machen?
5. Anke: Zuerst werde ich alles bereitstellen. Dann werde ich die Zutaten mischen.
6. Hannah: Ich mache das für dich!
7. Anke: Nein, das werde ich machen.
8. Hannah: Also, dann mache ich den Zuckerguss.
9. Mutter: Könntet ihr bitte auf die Milch (auf dem Herd) aufpassen? Ich hole die Wäsche herein. Es sieht aus, als ob es regnen wird.
10. Hannah: Ja, Mama, wir passen auf die Milch auf.
11. Anke: Was wird passieren, wenn ich Kaffee in den Kuchen tue? Meinst du, dass es gut schmecken wird?
12. Hannah: Nein, ich meine, dass es nicht gut schmecken wird. Mache das nicht; ich mag keinen Kaffee. Oh, schnell, Anke! Das Ei. Es wird gleich vom Tisch herunterrollen!
13. Anke: ... Zu spät. Wir wischen es jetzt auf, bevor es trocken wird.
14. Hannah: Vorsicht! Die Milch (auf dem Herd) – sie kocht gleich über!
15. Anke: Oh nein! Jetzt müssen wir auch das aufwischen und Mama wird wahrscheinlich mit uns schimpfen.

14 *Futur Perfekt und die Verlaufsform des Futurs*

Wenn wir uns mit einem bestimmten Zeitpunkt in der Zukunft beschäftigen und sagen wollen, was zu diesem Zeitpunkt gerade geschehen wird, gebrauchen wir die Verlaufsform der Zukunft: *will be (doing)* oder *(I / we) shall be (doing)*.
Das Futur Perfekt *(will have [done])* oder *(I / we) shall have (done)* verwendest du, wenn du über etwas sprechen möchtest, das zu einem bestimmten Zeitpunkt in der Zukunft gerade passiert sein wird.

Future progressive

1. Morgen um diese Zeit **werde ich** in dem Zug nach Karlsruhe **sitzen**.	This time tomorrow **I shall / will be sitting** in the train to Karlsruhe.
2. Was **wirst du** in dieser Zeit **machen**?	What **will you be doing** at that time?
3. Also, **ich werde auf keinen Fall** in einem Zug **sitzen**.	Well, **I shan't / won't be sitting** in a train, anyway.

Future perfect

4. In zehn Jahren **werden wir** das Abitur **gemacht haben**.	In ten years (time) **we shall / will have done** the Abitur.
5. Bis dahin **wird** mein Bruder wahrscheinlich von zu Hause **ausgezogen sein**.	By then my brother **will** probably **have left** home.

➲ Diese zwei Formen drücken Vorhersagen aus (und keine Vorhaben an sich). Dabei kommt das Going-to-Futur selten und in den folgenden Übungen überhaupt nicht vor.

Übungen:

Lösung 82

Die Band plant am Dienstag um neunzehn Uhr ein Geburtstagsständchen für Andis Freundin Isabel. Es soll eine Überraschung werden.

Hier brauchst du nur die Verlaufsform des Futurs: *will / shall be (doing)*.

1. Paul: Was wird sie um neunzehn Uhr (gerade) machen, Andi? Wird sie beim Feiern sein?
2. Andi: Nein, sie wird (bestimmt) nicht feiern. Wahrscheinlich wird sie (gerade) ihre Hausaufgaben machen.
3. Robert: Was werden ihre Eltern (gerade) machen?
4. Andi: Also, ihr Vater wird wahrscheinlich beim Malen sein. Malen ist sein Hobby.
5. Paul: Und ihre Mutter?
6. Andi: Sie wird sich vorbereiten um auszugehen. Sie geht jeden Dienstag zum Turnen. Isabels Schwester Maria wird (sicher) beim Stricken sein. Sie wird für ihren kleinen Bruder einen Pulli stricken. Das macht sie jeden Abend.
7. Mario: Und der kleine Bruder ..., was wird er um neunzehn Uhr (gerade) machen? Wird er nicht (gerade) ins Bett gehen?
8. Andi: Nein (Kurzantwort). Er wird wahrscheinlich mit seinen Autos spielen.

In dieser Übung kommt die Verlaufsform nicht vor, dafür aber das Futur Perfekt.

Wird neunzehn Uhr wirklich der passende Zeitpunkt sein?

1. Paul: Werden sie bis neunzehn Uhr schon gegessen haben?
2. Andi: Ja, sie werden bis dann gegessen haben und Isabels Mutter wird gespült haben.
3. Robert: Vielleicht wird ihr kleiner Bruder schon ins Bett gegangen sein.
4. Andi: Nein, er wird nicht ins Bett gegangen sein. Aber er wird schon gebadet haben.
5. Mario: Vielleicht wird Isabel mit den Hausaufgaben schon fertig sein *(finish)*.
6. Andi: Sie wird Mathe schon gemacht haben. Aber sie wird Englisch (noch) nicht gemacht haben. Englisch mag sie nicht.

15 Passiv im „simple present, simple past“ und „present perfect“

Wenn in einem Satz das Objekt vom Sinn her wichtiger ist als das Subjekt, kann es im Englischen wie auch im Deutschen zum Subjekt eines Passivsatzes werden. Das gilt für alle Zeitformen.

1. Mein Geldbeutel **ist gestohlen worden**.	My purse **has been stolen**. (present perfect)
2. Wann **wurde** er **gestohlen**?	When **was it stolen**? (simple past)
3. Gestern am Bahnhof. Geldbeutel **werden** oft auf Bahnhöfen **gestohlen**.	Yesterday, at the station. Purses **are** often **stolen** on stations. (simple present)
4. Sie **werden von Taschendieben geklaut**.	They **are** (oder: get) **pinched by pickpockets**.
5. Und **hat** man ihn noch nicht **gefunden**?	And **hasn't** it **been found** yet?
6. Nein, leider nicht.	No, I'm afraid it hasn't.

- Das Passiv wird mit der entsprechenden Form von *to be* + Partizip Perfekt *(past participle)* gebildet.
- In Beispiel 4 taucht das Subjekt des Aktivsatzes auf („Taschendiebe klauen sie.“). Im passiven Satz wird dieses ursprüngliche Subjekt mit der Präposition *by* angehängt.
- Der deutsche Satz in Beispiel 5 ist kein Passiv-, sondern ein Aktivsatz. Dabei ist das Subjekt „man“ äußerst vage und bezieht sich nicht auf den Sprecher (wichtige Bedingung). Im Englischen verwendet man in diesen Fällen oft das Passiv.
- Die Alternative *to get* statt *to be* kommt in der Umgangssprache sehr häufig vor (4).

Übungen:

Lösung ➔84

Hier werden in der Übersetzung nur Passivsätze verlangt. In dieser Übung entspricht das deutsche Perfekt dem *present perfect* und das Imperfekt dem *simple past*.

1. „(Schau mal den kleinen Hund an!) Ich glaube, er ist ausgesetzt worden.
2. Man hat ihn an den Zaun angebunden."
3. „Vielleicht wurde er als Weihnachtsgeschenk gekauft.
4. Jetzt will man ihn nicht mehr."
5. „(Du hast bestimmt recht.) Jedes Jahr werden viele Hunde ausgesetzt."
6. Der Hund wurde bald zur Polizei gebracht.
7. Die zwei Kinder wurden von ihrem Vater dorthin gefahren.
8. Der Hund wurde untersucht.

In dieser Übung kommen im Englischen auch Aktivsätze vor. Das deutsche Perfekt / Imperfekt entspricht hier nicht unbedingt dem englischen *present perfect / simple past*.

Mario ruft Paul an und hat schlechte Nachrichten.

1. Mario: Paul, etwas ist passiert. Andi ist verletzt worden.
2. Paul: Oh nein! Wie ist er denn verletzt worden?
3. Mario: Er war beim Fußballspielen. Er wurde vom Ball am Kopf getroffen und wurde umgeworfen.
4. Paul: Und ist er am Kopf verletzt worden?
5. Mario: Nein (Kurzantwort). Sein rechter Arm ist gebrochen. Er ist darauf gefallen.
6. Paul: Wurde er ins Krankenhaus gebracht?
7. Mario: Ja, man hat ihn schnell ins Krankenhaus gefahren. Er kann (für) die nächsten sechs Wochen keine Gitarre spielen.
8. Paul: Mist! Dann können wir für Isabel nicht spielen. Das ist schon das zweite Mal, dass ein Auftritt wegen einer Verletzung abgesagt worden ist.

16 *Passiv im Futur, Plusquamperfekt und Infinitiv; Verlaufsform des Passivs*

Für die oben genannten Zeiten gelten dieselben Grundregeln wie die, die in Kapitel 15 genannt wurden.

1.	Als wir ankamen, **war** der Dieb schon **verhaftet worden**.	When we arrived, the thief **had already been arrested**.
2.	Der Geldbeutel **war aber nicht gefunden worden**.	But the purse **hadn't been found**.
3.	„Er **wird** wahrscheinlich nie **gefunden werden**", sagte ein Polizist.	"It **will** probably never **be found**," said a policeman.
4.	„Er **muss bestraft werden**!", rief die Dame. „Er **darf nicht freigelassen werden**."	"He **must be punished**!" the lady cried. "He **mustn't be set free**."
5.	„Ich hoffe, dass er für **Jahre eingesperrt wird**."	"I hope he **will be locked** for years."
6.	„Ja, gnädige Frau, aber zuerst **wird** er **verhört**."	"Yes, madam, but first he is **going to be questioned**."
7.	„Er **wird gerade** jetzt zur Polizei **gefahren**."	"He**'s being driven / taken** to the police station right now."
8.	Tatsächlich **wurde** der Dieb in diesem Moment **nicht** zur Polizei **gefahren**. Er **wurde gerade** von seinen Freunden **versteckt**.	Actually the thief **wasn't being taken** to the police station at that moment. He **was just being hidden** by his friends.

- Das Plusquamperfekt wird mit *had been* + Partizip Perfekt *(past participle)* gebildet (1 und 2).
- Den Infinitiv brauchen wir beim Futur *(will / going to)* und bei den modalen *Hilfsverben (can, must, have to, may* usw.). Er wird mit *will / must ... be* + Partizip Perfekt *(past participle)* gebildet (3 bis 6).
- Die Verlaufsformen *(progressive forms)* des Passivs werden folgendermaßen gebildet: *is / are / was / were being + past participle* (7 und 8).
- Bei negativen Sätzen kommt das *not* direkt vor *to be* (2, 4 und 8).

Lösung ➔ 86

Übungen:

In der Ortszeitung wird über den ausgesetzten Hund aus Kapitel 15 berichtet.

1. (Gestern wurde ein junger Hund am Straßenrand gefunden.) Er war an einen Zaun gebunden worden.
2. Man hatte ihn wahrscheinlich zu Weihnachten gekauft.
3. (Als er zu groß geworden war), wurde er ausgesetzt.
4. Er kann von den zwei Mädchen (, von denen er gefunden worden ist,) nicht aufgenommen werden.
5. Ein neues Zuhause muss für den Hund gefunden werden.
6. Er (ist kinderlieb und) sollte von einer netten Familie aufgenommen werden.
7. Im Moment wird er von der Polizei versorgt.
8. Er kann von der Polizei nicht lange versorgt werden.
9. Eigentlich sollten die zwei Mädchen belohnt werden.
10. (Als der Hund bei der Polizei ankam,) war er schon von den Mädchen „Tramp" genannt worden.
11. (Wenn für den Hund ein neues Zuhause gefunden wird), werden die Mädchen informiert (werden).
12. Als unser Reporter bei der Polizei ankam, wurden die Mädchen gerade von der Polizei gelobt.

17 *Indirekte Rede*

Wenn wir Äußerungen von anderen übermitteln wollen, ohne sie Wort für Wort zu zitieren, benutzen wir sowohl im Deutschen als auch im Englischen die indirekte Rede.

1. Anke sagt, dass ihr Zimmer unordentlich **sei**.	Anke says (that) her room **is** untidy.
2. Sie sagt, dass sie **aufräumen wird**.	She says she is **going to tidy up**.
3. Ihre Mutter hat ihr gesagt, **dass sie aufräumen soll**.	Her mother has told her **to tidy up**.
4. Sie fragt immer wieder nach, ob Anke es schon **gemacht hat**.	She keeps asking whether Anke **has done** it yet.
5. Paul meinte, dass die Proben **gut laufen**.	Paul said / thought (that) the rehearsals **were going well**.
6. Er sagte, die Band **wird** im Oktober ein Konzert **geben**.	He said the band **was going to do** a concert in October.
7. Er fragte, was für ein Instrument ich **spiele**.	He asked what (sort of) instrument I **played**.
8. Ich sagte ihm, dass ich Gitarre **spiele**.	I told him that I **played** the guitar.

➲ Bei einer wiedergegebenen Aufforderung wird der deutsche Nebensatz durch eine Konstruktion mit Infinitiv wiedergegeben (3).

➲ Aussagesätze mit einem indirekten Objekt (ihm, ihr, ihnen usw.) können mit *to tell* eingeleitet werden; *to tell* verlangt unbedingt solch ein Objekt (8).

➲ Übrigens: Das Komma im deutschen Satz fällt im Englischen weg!

➲ Die Beispiele 5 bis 8 erzählen von einem Gespräch in der Vergangenheit. Dabei sind alle Verben der Nebensätze (d. h., was eigentlich gesagt wurde) „zurückversetzt", auch wenn die Tatsache, die erzählt wurde, noch gilt.

Lösung ➲87

Übungen:

Die folgenden Sätze sind alle im Präsens, deshalb ist die Rückverschiebung der Zeiten nicht erforderlich.

1. Lisa sagt, dass sie jeden Tag Geige übt.
2. Sie sagt, dass sie bald ein Konzert hat.
3. Sie fragt mich oft, ob ich ihr zuhören will.
4. Sie sagt, das hilft.
5. Sie meint, es wird beim Konzert helfen.

Hier sind alle einführenden Verben in der Vergangenheit. Das Verb des Nebensatzes muss also „zurückversetzt" werden.

1. Paul sagte seinem Onkel, dass er in einer Band spiele.
2. Pauls Onkel sagte Paul, dass er auch in einer Band spielte, als er jünger war.
3. Er meinte, dass er für Musik jetzt keine Zeit hätte.
4. Paul sagte, dass er gerade von einer Probe komme.
5. Pauls Onkel fragte Paul, wie die Probe gelaufen sei.
6. Paul sagte, dass die Probe nicht schlecht gewesen war.
7. Er sagte seinem Onkel, dass die Band im Oktober ein Konzert geben würde.
8. Er sagte, er meinte, dass es ein gutes Konzert werden würde.
9. Er meinte, dass die Songs gut seien.
10. Paul fragte seinen Onkel, ob er eine junge, hübsche Sängerin kenne.
11. Sein Onkel sagte, er habe letzte Woche eine kennen gelernt.
12. Er dachte, dass Paul dieses Mädchen vielleicht auch kennen würde.

Lisas englische Brieffreundin, Rebecca, bekommt den folgenden Brief von Lisa. Rebeccas Schwester möchte wissen, was im Brief steht. Fang immer an mit She says ..., She tells me ... *(simple present). Die Pronomen müssen ebenfalls geändert werden!*

Liebe Rebecca,
1. Diesen Brief schreibe ich auf Deutsch. **2.** Ich bin zu faul auf Englisch zu schreiben. **3.** Wie geht es dir? **4.** Was macht ihr jetzt in der Schule? **5.** Im Englischunterricht lernen wir gerade, wie man ein *summary* schreibt. **6.** Kannst du es schon? **7.** Letzte Woche mussten wir viele Vokabeln lernen. **8.** Nächste Woche schreiben wir eine Schulaufgabe. **9.** Ich bin sicher, dass ich eine Fünf bekommen werde. **10.** Würdest du mir bitte englische Comic-Hefte schicken? **11.** Sie sind lustiger als Schulbücher. **12.** Schreibe bald wieder und grüße deine Familie von mir.
Deine Lisa.

Es folgt ein Telefongespräch zwischen Rebecca und Lisa. Rebecca muss hinterher ihrer Mutter den Inhalt des Gespräches berichten.
Das Gespräch wird im past tense wiedergegeben, also: I asked ..., she said ...

1. Rebecca: (Hallo, hier ist Rebecca.) Kann ich bitte mit Lisa sprechen?
2. Lisa: Ich bin Lisa. (Grüß dich!) Wie geht es dir?
3. Rebecca: Mir geht's gut, danke. Hast du schon einen Brief von mir bekommen?
4. Lisa: Ja, er ist am Mittwoch angekommen. Die Comic-Hefte sind auch angekommen.
5. Rebecca: Ich habe sie erst am Montag zur Post gebracht. Die Post ist manchmal wirklich schnell. Hast du sie schon gelesen?
6. Lisa: Nein, so schnell kann ich Englisch nicht lesen. Ich bin von Natur aus langsam. Aber ich werde sie bald lesen. Und meine Schwester Anke wird sie wahrscheinlich auch lesen. Sie wird nicht alles verstehen können. Sie lernt erst seit zwei Jahren Englisch.
7. Rebecca: Wirst du dieses Jahr nach England kommen? Wann wirst du mich besuchen?
8. Lisa: Ich hoffe, dass ich in den Sommerferien kommen kann. Wirst du dann zu Hause sein?
9. Rebecca: Ich werde die ersten drei Wochen da sein. Kannst du dann kommen?

10. Lisa: Ja, ich glaube, dass ich dann kommen kann.
11. Rebecca: Bringe bitte wieder eine Packung (Semmelknödel) mit. Sie schmecken so gut. Und vergiss deinen Badeanzug nicht. Wir werden oft schwimmen gehen. Schreibe bald wieder! (Tschüß!)

18 Pronomen auf „-self / -selves" und das reziproke Pronomen „each other"

Bei der Übersetzung von „sich" und „einander" sind drei Möglichkeiten denkbar: durch ein Verb mit *-self / -selves*; durch ein Verb mit *each other* und durch Verben, die im Deutschen reflexiv gebraucht werden, im Englischen aber nicht

1. Hannah hat heute gekocht. Sie hat alles **selbst / allein** gemacht.	Hannah cooked today. She did everything **by herself**.
2. Sie spülte aber nicht ab. Sie sagte: „Ihr könnt **selbst** abspülen."	She didn't wash up, though. She said: „You can wash up **yourselves**."
3. Anke **sah sich** im Spiegel **an**.	Anke **looked at herself** in the mirror.
4. Anke und Lisa **sahen sich an**.	Anke and Lisa **looked at each other**.
5. Warum redet ihr nicht **miteinander** darüber?	Why don't you talk to **each other** about it?
6. **Erinnerst** du **dich** nicht daran?	Don't you **remember**?

➲ Der Begriff „allein machen" wird mit *by herself* (*by ourselves* usw.) übersetzt (1).

➲ Wenn wir im Deutschen „selbst" sagen, um ganz deutlich zu machen, wer (oder was) gemeint ist (2), übersetzen wir dies ins Englische mit *himself, ourselves* usw., ohne *by*.

- Im Englischen unterscheiden wir zwischen reflexiven Begriffen mit der Bedeutung „sich selbst" und solchen mit der Bedeutung „einander". Wenn im Deutschen nur „sich" steht, müssen wir uns bei der Übersetzung entscheiden, welche der beiden Möglichkeiten gemeint sein könnte (3 und 4).
- Natürlich kann im Deutschen auch „einander" stehen (5).
- Einige reflexive Verben im Deutschen, z. B. „sich entspannen, sich hinsetzen, sich freuen, sich (wohl) fühlen", sind im Englischen nicht reflexiv (6).

Lösung ➲90

Übungen:

Hier übst du den Gebrauch von *-self / -selves*.

1. Hat dein Vater diesen Tisch selbst gemacht?
2. Hast du den Kuchen selbst gebacken?
3. Hannah hat ihn ganz alleine gebacken.
4. (Der Garten ist wunderschön.) Habt ihr alles selbst gepflanzt?
5. Nein, aber wir haben den Apfelbaum selbst gepflanzt.
6. Esst ihr alle Äpfel selbst?
7. Nein, wir essen nur die Hälfte selbst.
8. (Das da ist Hannahs Garten.) Sie pflegt ihn ganz allein.

Hier geht es um englische reflexive Verben, wobei du zwischen *-self / -selves* und *each other* unterscheiden musst.

1. Wenn man (gerade) Spaß hat, vergeht die Zeit schneller.
2. Bedient euch! Bitte, bediene dich, Lisa.
3. Anke und Sandra helfen sich (gegenseitig) mit den Hausaufgaben.
4. Andi verletzte sich (beim Fußballspielen).
5. Wenn er mit seinem Bruder rauft, verletzen sie sich manchmal (gegenseitig).
6. Darf ich mich vorstellen?
7. Paul und Andi stellten sich dem Arzt vor.
8. Lisa (ist ohne Schlüssel aus dem Haus gegangen und) hat sich ausgesperrt.

9. Der Hund da hat sich an einer Glasscherbe verletzt *(cut)*.
10. Isabel sagt: „Andi und ich lieben uns."

In dieser Übung kommen Verben vor, die in beiden Sprachen reflexiv sind (wie in Übung 2) und auch solche, die im Deutschen reflexiv sind, im Englischen aber nicht.

Paul besucht seinen Onkel.

1. Paul fragte sich, warum sein Onkel ihn eingeladen hatte.
2. Er wusste, dass er bei seinen Onkel Spaß haben würde.
3. Onkel: Hallo, Paul! Komm herein und mache es dir bequem.
4. Setze dich hin und entspanne dich!
5. Wir haben uns lange nicht gesehen.
6. Habt ihr euch schon eine Sängerin ausgesucht?
7. Paul: Nein, aber du hast gesagt, (dass du eine kennst und) dass wir uns vielleicht kennen könnten.
8. Onkel: Ja, ich stelle mir schon vor, dass ihr euch kennt.
9. Ich meine Lisa Schmidt. Erinnerst du dich nicht an das Schulkonzert?
10. Paul: Ja, aber ich frage mich, ob sie wirklich ...
11. Onkel: Na ja, du und die anderen müsst euch entscheiden.
12. Überlegt es euch.

Hier übst du den verstärkenden Gebrauch von *-self / -selves* und die verschiedenen Übersetzungen von „sich" und „einander".

1. David: Ich freue mich auf morgen.
2. Morgen kaufe ich mir ein neues Fahrrad.
3. Nico: Bezahlst du es selbst?
4. David: Ja. Ich kaufe mir auch einen Helm.
5. Dann verletze ich mich nicht. (Futur!)
6. Nico: Erinnerst du dich an Richards Unfall?
7. Jetzt hat er sich erholt.
8. Er hat sein Fahrrad selbst repariert.
9. David: Da ist deine Oma. Kann sie die Treppe allein hinaufsteigen?

19 Verben mit zwei Objekten (Aktiv und Passiv)

Es gibt Verben, die zwei Objekte bei sich haben können, z. B. „bringen, zeigen, ausleihen".

1. Gestern lieh ich **meiner Freundin einen Bleistift.**	Yesterday I lent **my friend a pencil.**
2. Sie schrieb **dem rothaarigen Jungen** in unserer Klasse **einen Liebesbrief.**	She wrote **a love letter to the red-haired boy** in our class.
3. In dem Brief beschrieb sie **ihm ihre Gefühle.**	In the letter she described **her feelings to him.**
4. **Den** gab sie **ihm** heute Morgen persönlich.	She gave **it to him** this morning in person.
5. Er zeigte **ihn seinen Freunden.**	He showed **it to his friends.**
6. Man hat **ihm** dann **einen Ratschlag** gegeben.	Then **he** was given **some advice.**
7. Schließlich wurde **meiner Freundin eine Antwort** zugeschickt.	Eventually **a reply** was sent **to my friend.**

➲ Im ersten Beispiel sind Deutsch und Englisch sehr ähnlich; nur sind im Deutschen („mein**e** Freund**in**", „**ein** Bleistift") die Beziehungen klar, während die englische Sprache sich typischerweise auf die Satzstellung verlässt. Subjekt → Verb → indirektes Objekt (= deutscher Dativ) → direktes Objekt (= deutscher Akkusativ).

➲ Bei längeren indirekten Objekten (2) kommt zuerst das direkte Objekt, dann erst *to* und das indirekte Objekt.

➲ Einige Verben verlangen unbedingt diese Reihenfolge: *to explain, to say, to whisper, to shout, to describe* (3).

➲ Wenn das direkte Objekt von einem Pronomen ersetzt wird, gilt auch die Reihenfolge: direktes Objekt, dann das indirekte Objekt. Es ist dabei egal, ob das indirekte Objekt auch als Pronomen erscheint (4) oder nicht (5).

➲ Einen Satz mit zwei Objekten kann man auch ins Passiv umwandeln. Das geschieht in einem deutschen Satz mit „Man ..." (6) und durch eine Passivform (wurde zugeschickt) (7).

Übungen:

Lösung ➲ 93

Mutter erzählt eine Geschichte: Es war einmal ein reiches junges Mädchen ...

1. (Wenn sie Geburtstag hatte), gab man ihr teure Geschenke.
2. Wunderbare Geburtstagskarten wurden ihr (aus der ganzen Welt) geschickt.
3. Ihr Vater zeigte ihr Gold und Silber.
4. „Wenn du 21 Jahre alt bist, wird dir das alles geschenkt", sagte er.
5. „Aber du musst mir eines *(one thing)* versprechen.
6. (Du musst den Graf H. heiraten.) Versprich mir das."
7. Das Mädchen erzählte alles ihrer Magd.
8. Man zeigte ihr ein altes Haus im Dorf.
9. „Bleibe hier. Dein Essen wird dir gebracht", sagte die Magd.
10. „Deine Briefe werden dir zugeschickt."
11. Eines Tages schrieb ihr ein armer Mann einen Brief.
12. „Entschuldigung, wenn ich Ihnen Ärger bereite", schrieb er.
13. „Aber können Sie mir bitte Geld zuschicken?
14. Als Belohnung singe ich Ihnen ein Lied."
15. Das reiche Mädchen schrieb ihm sofort einen Brief.
16. „Ich gebe Ihnen Geld, aber Sie müssen mir auch etwas geben", schrieb sie.
17. „Wenn man mich findet, werde ich einem hässlichen alten Mann übergeben.
18. Versprechen Sie mir bitte Ihre Hilfe!"
19. Er bot dem Mädchen seine Hilfe an.
20. Dann lieh der arme Mann dem Mädchen sein Pferd.
21. Bald danach bot er ihr seine ewige Liebe an.
22. „... Und jetzt habe ich dir die Geschichte deiner Urgroßeltern erzählt", sagte Hannahs Mutter.

20 *Wiederholung: das Gerund*

Das Gerund „funktioniert" wie ein Nomen, ist aber ursprünglich ein Verb.

1. Bilder **zu malen** ist ein schönes Hobby.	**Painting** pictures is a nice hobby.
2. Es (= Bilder malen) gibt Hans ein Lebensziel.	It (= painting pictures) gives Hans a purpose in life.
3. Er **malt** gerne.	He likes **painting**.
4. Er fing an **zu malen**, weil ...	He started **painting** because ...
5. ... er es (langsam) satt hatte, tatenlos im Rollstuhl **zu sitzen**.	... he got tired **of sitting** idle in his wheelchair.

- An den Beispielen sehen wir, dass das Gerund als Subjekt des Satzes (1, 2) oder als Objekt (3, 4) auftreten kann.
- Es ist auch möglich, eine Präposition vor ein Gerund zu setzen, genauso, wie man es bei normalen Nomen tut (5).
- Wie ein Nomen kann ein Gerund durch ein Pronomen ersetzt werden (2).

Lösung 95

Übungen:

Das Gerund als Subjekt bzw. Objekt eines Satzes

Hans ist ein Nachbar der Familie Braun. Sandra erzählt ihrer Freundin ...

1. Auto fahren ist schwierig für Hans.
2. Ins Auto ein- und auszusteigen ist besonders schwierig.
3. Aber er fährt gern Auto.
4. Er hilft gern seiner Frau.
5. Sie fährt nicht gern.
6. Sie schlug vor, ein größeres Auto zu kaufen.
7. Das richtige Auto zu finden war nicht einfach.

8. Aber das Einsteigen ins neue Auto ist leichter.
9. Hans fährt sehr gern schnell.
10. Er kann sich nicht vorstellen, das Autofahren aufzugeben.

Das Gerund mit Präpositionen

1. Vor seinem Unfall war Hans wild auf Segeln.
2. Er segelte auch sehr gut.
3. Jedes Wochenende freute er sich darauf, in sein Boot zu steigen und davonzusegeln.
4. Er hatte keine Angst, ins Wasser zu fallen.
5. Er hatte es (langsam) satt, nur auf Seen zu segeln.
6. Er dachte oft daran, über das offene Meer zu segeln.
7. Aber er kam nicht dazu, das zu machen.
8. Er wusste alles über das Segeln.
9. Wir Kinder hatten immer Interesse, ihm (bei den Vorbereitungen) zu helfen.
10. Schade, dass wir so schlecht *(to be bad at)* Knoten binden konnten.

Das Gerund mit und ohne Präpositionen

1. Wir gingen immer gern mit Hans zum See hinunter.
2. Es machte uns nichts aus, 'mal nass zu werden.
3. Er war davon begeistert Unterricht zu geben.
4. Er fing an Paul mitzunehmen.
5. Ich konnte mir nicht vorstellen, mit Hans zu segeln.
6. Ich sah ihnen (vom Ufer aus) gern zu.
7. Ich konnte nicht gut schwimmen.
8. Ich hatte Angst zu ertrinken.

21 „Which“ und „what“ und Besonderheiten der englischen Substantive

Eine Frage bzw. ein Nebensatz, der mit „welches“, „welcher“ usw. anfängt, hat im Englischen zwei Übersetzungsmöglichkeiten: *What ...?* oder *Which ...?*

In diesem Kapitel betrachten wir auch einige Substantive, die sich in Bezug auf Numerus (Singular, Plural, unzählbar) im Englischen anders als im Deutschen verhalten.

1.	Heute habe ich so viele **Hausaufgaben**.	I've got so much **homework** today.
2.	Wir sollen **Informationen** über die USA aufschreiben.	We're supposed to write **some information** about the USA.
3.	Na ja, die USA **sind** groß.	Well, the USA **is** a big place.
4.	**Welche** Informationen sollst du da angeben?	**What** information are you supposed to give?
5.	Zum Beispiel, wie die **Polizei** organisiert **ist**.	For example, how the **police are** organised.
6.	Wir sollten auch erwähnen, was **Kleidung** dort so kostet.	We should also mention what **clothes** cost there.
7.	Es kommt darauf an, **welche** Kleidung du willst.	It depends on **what** clothes you want.
8.	Diese **Hose** war billig, aber man kann für **eine Hose** viel mehr bezahlen.	These **trousers** were cheap, but you can pay a lot more for **a pair of trousers**.
9.	**Welche** Hose ziehst du an, die weiße oder die schwarze?	**Which** trousers are you going to wear, the white ones or the black ones?

➲ Beachte: Informationen (Plural im Deutschen) – *information* (Singular im Englischen), Hose (Singular im Deutschen) – *trousers* (Plural im Englischen).

➲ Du verwendest *what* bei einer unbestimmten Auswahl (4 und 7). Bei einer bestimmten Auswahl nimmst du *which* (9).

Lösung ➲96

Übungen:

1. Lisa bat ihre Freundinnen um Rat.
2. (Paul hatte sie gefragt, ob sie in der Band singen wollte und) sie wusste nicht, was sie machen sollte.
3. Ihre Freundinnen sagten: „Das sind tolle Nachrichten!"
4. „Welch ein Glück!"
5. Aber Lisa meinte, dass sie viel mehr Informationen bräuchte, bevor sie sich entscheiden könnte.
6. Sie wusste nicht, welche Lieder sie singen wollte.
7. Paul hatte ihr ein Liederbuch geliehen, aber sie wusste nicht, welche der Lieder sie am besten singen könnte.
8. Kleidung war auch ein Problem für sie.
9. „Welches Kleid soll ich anziehen?", fragte sie ihre Freundinnen.
10. „Ich würde vorschlagen, eine Hose anzuziehen", sagte Franzi.
11. „Ich habe eine schwarze und eine weiße Hose. Welche meint ihr soll ich anziehen?"
12. („Das kommt darauf an.) Welchen Schmuck hast du?"

Nach der Schule gingen die Mädchen in ein Kaufhaus, um Kleider anzuschauen ...

13. Sie nahmen die Rolltreppe, da die (normale) Treppe weiter weg war.
14. Damenkleidung war im 2. Stock.
15. Lisa war sich nicht sicher, welche Farben sie anziehen sollte.
16. Andrea konnte ihr einen Rat geben.
17. „Du solltest entweder Schwarz oder Weiß anziehen", meinte sie. „Welches ist dir lieber?"
18. „Schwarze Kleidung ist immer schön", sagte Lisa.
19. „Viele Leute meinen, (dass Schwarz traurig sei, aber) ich ziehe oft eine schwarze Jeans an."

22 *Possessivpronomen, mit und ohne „of“*

Mit einem Possessivpronomen können wir den Possessivbegleiter *(my, your, his, her)* und das Substantiv ersetzen.

1. Gehört Paul diese CD? – Nein, das ist **meine. Seine** ist in seinem Rucksack.	Does this CD belong to Paul? – No, it's **mine. His** is in his rucksack.
2. Und diese? Gehört sie Anke und Hannah? – Ja, ich glaube, das ist **ihre.**	And this? Does it belong to Anke and Hannah? – Yes, I think that's **theirs.**
3. Hier ist die CD **von dir / deine** CD, die du mir letzte Woche geliehen hast.	Here's that CD **of yours** that you lent me last week.
4. Eigentlich ist es nicht **meine,** sie gehört einem **unserer** Nachbarn.	Actually it's not **mine,** it belongs to a neighbour **of ours.**

➲ Die Possessivpronomen lauten: *mine – yours – his – hers – ours – yours – theirs.*

Lösung ➲ 98

Übungen:

Lisa ist mit einer Gruppe von Freunden in einem Konzert gewesen. Nach dem Konzert ist die Garderobenfrau etwas verwirrt …

1. („Gehört der Schirm euch?“) – „Nein, er ist nicht von uns.“
2. „Vielleicht gehört er denen.“
3. „(Was macht ihr mit dem Schirm da?) Das ist meiner!“
4. („Und diese zwei Jacken?“) – „Die sind unsere.“
5. „Welche ist deine und welche meine?“
6. „Meine muss etwas größer sein.“
7. („Wem gehört diese Tasche?“) – „Sie sieht aus wie Pauls Tasche. Ich glaube, das ist seine.“
8. „Nein, das ist nicht meine.
9. „(Franzi hat dieselbe Tasche wie ich.) Das ist ihre.“
10. „Ja, die hier (mit dem Teddybär-Anhänger) ist meine.“

Jetzt sind die Possessivpronomen mit *of* an der Reihe.

1. Richard: Die neue CD von dir – die Spice Girls CD – darf ich sie ausleihen?
2. Sie ist nicht für mich, sie ist für einen Freund von mir.
3. Paul: Für David? Er darf keine meiner CDs haben.
4. Er wird sie nicht mehr zurückgeben. Das ist eine Gewohnheit von ihm.
5. Anke ging mit zwei ihrer Freundinnen einkaufen.
6. Sie suchte ein Geschenk für eine ihrer Cousinen.
7. Als Birgit vorschlug, ein Buch zu kaufen, sagte Anke: „Das ist eine gute Idee von dir."
8. Die Buchhandlung war überfüllt. Birgit meinte: „Vielleicht war das keine gute Idee von mir."
9. „Für was interessiert sich diese Cousine von dir?", fragte Daniela.
10. „Sie ist an Pferden interessiert. Das ist ein Hobby von ihr", sagte Anke. („Ich kaufe ihr ein Buch über Pferde.")

23

Vermischte einfache Zeiten im Aktiv und Passiv

Hier kannst du die *simple tenses* üben, besonders auch in Fragen und verneinten Sätzen.

1. Ich spiele Gitarre.	**I play the guitar.**
2. Spielst du auch ein Instrument?	**Do you play an instrument, too?**
3. Letztes Jahr habe ich mit Klavierunterricht angefangen.	**Last year I started piano lessons.**
4. Aber es hat mir nicht gefallen.	**But I didn't like it.**
5. Jetzt habe ich es aufgegeben.	**I've given it up.**

➲ Nicht vergessen: Bei Fragen und Verneinungen im *simple present* und *simple past* müssen wir eine Form von *to do* verwenden. Das eigentliche Verb erscheint dann als Infinitiv.

Lösung ➲ 100

Übungen:

In dieser Übung kommt nur das Aktiv in den verschiedenen Zeiten vor.

1. Paul ging am Donnerstag zur Probe.
2. Er hatte schon mit Lisa gesprochen.
3. Das Ganze war nicht schwierig gewesen.
4. Aber er fragte sich, was die anderen sagen würden.
5. Paul: Ich habe eine Sängerin gefunden.
6. Ich habe ihr gestern Noten gegeben.
7. Kennt ihr Lisa Schmidt?
8. Mario: Ich kenne sie (schon), aber die anderen kennen sie nicht.
9. Wird sie heute zur Probe kommen?
10. Paul: (Bis jetzt) hat sie keine Zeit gehabt die Lieder zu üben. Sie wird also heute nicht kommen.
11. Die anderen waren besorgt. Würde Lisa nächste Woche zur Probe kommen?

Hier findet ihr auch (aber nicht nur) das Passiv.

1. Lisa kam nicht zur Probe.
2. Sie war zu einer Geburtstagsfeier eingeladen worden.
3. Sie sagte ihren Freundinnen: „Gestern hat man mich gefragt, ob ich heute zur Probe gehen würde."
4. „Warum bist du nicht (hin)gegangen?", fragten sie.
5. „Ich werde nicht oft zu einer Geburtstagsfeier eingeladen", lachte Lisa.
6. „Ich hoffe, du wirst uns über dein erstes Konzert informieren", sagte Franzi.
7. „Wir werden alle kommen."
8. Aber warum hatte man Lisa ausgesucht?
9. Agnes dachte heimlich, dass Lisa es nicht gut machen würde.
10. Sie dachte: „Ich singe besser als Lisa.

11. Jetzt werde ich die Chance nie erhalten", dachte sie. (Achtung! Im Englischen Passiv!)
12. „Warum ist es mir nicht vorher gesagt worden?
13. Ich bin übergangen worden."
14. Sie sagte aber nichts.
15. Würde sie jetzt vergessen werden?
16. „Ich werde nicht vergessen werden!", dachte sie heimlich.
17. Um neun Uhr ist sie von der Party weggegangen.
18. Sie ging zur Probe.

Die Zeiten in der Verlaufsform im Aktiv und Passiv 24

Die Verlaufsform brauchen wir, wenn über einen Zeitraum gesprochen wird. Oft wird dabei ein bestimmter Zeitpunkt angesprochen.

1. Was hast du gemacht, als das Telefon klingelte?	What were you doing when the phone rang?
oder indirekt:	
2. Ich wohne seit zehn Jahren hier.	I've been living here for ten years.

Hier ist der unausgesprochene Zeitpunkt „jetzt", nämlich am Ende des Zeitraums von zehn Jahren.

3. Ach, da bist du. Was machst du?	Oh, there you are. What are you doing?

Auch hier ist der unausgesprochene Zeitpunkt „jetzt, gerade, in diesem Augenblick“.

Vergleiche:

4. Ich bin Zahnarzt. Und was machen Sie?	**I'm a dentist. And what do you do?**

➲ Diese Frage bezieht sich nicht darauf, was die angesprochene Person im Augenblick tut, sondern, was ihre Tätigkeit (oder ihr Beruf) allgemein ist. Dabei geht es nicht um einen bestimmten Zeitpunkt, zu dem diese Tätigkeit ausgeübt wird, darum *simple present*.

Lösung ➲101

Übungen:

Diese Übung enthält nur Sätze im Aktiv.

1. Paul und seine Freunde spielten gerade „Over the moon“, als Agnes hereinkam.
2. „Hi! Was machst denn du hier?“, sagte Mario.
3. „Ich habe gehört, dass ihr eine Sängerin gesucht habt.“
4. „Ja, aber jetzt haben wir eine gefunden.
5. Als wir sie gefunden haben, hatten wir (schon) seit fünf Wochen gesucht.“
6. „Singt sie heute Abend nicht mit?“
7. „Nein, sie sagte, sie würde zu Franzis Geburtstagsfeier gehen.“
8. „Wie schade! Aber ich mache im Moment nichts (Besonderes).
9. Ich singe die Lieder für euch.“
10. „Moment“, sagte Mario, „was machst du am 23. Oktober?“
11. „Ich werde nichts (Besonderes) machen. Wieso?“

In dieser Übung kommt auch (aber nicht nur) das Passiv vor.

1. Franzi fragte Lisa, ob sie von der Party abgeholt werden würde.
2. „Ja“, sagte Lisa, „ich werde von meinem Vater abgeholt.“
3. „Wo ist Agnes (denn) hingegangen?“, fragte Andrea.
4. „Vielleicht ist sie schon abgeholt worden“, meinte Lisa.

5. „Sie hat aber nicht gesagt, dass sie abgeholt werden würde."
6. „Sie war noch da, während der Kaffee gemacht wurde", erinnerte sich Andrea.
7. „Während wir Kaffee getrunken haben, wurde die Tür zugemacht."
8. „Stimmt. Ich habe auch die Tür gehört. Die CD wurde gerade gewechselt."
9. Eigentlich war Agnes leise gegangen, während die anderen über die Probe sprachen.
10. Und während sie sich fragten, wo sie sein könnte, sang Agnes mit der Band.
11. „Gestern zu dieser Zeit wurde ich gerade von Paul gefragt, ob ich in der Band singen würde", sagte Lisa glücklich.
12. „Und nächste Woche zu dieser Zeit wirst du singen", sagte Franzi.

Verschiedene Zeitformen der Vergangenheit 25

Hier kannst du *simple past, past progressive, past perfect (progressive)* und *future in the past (progressive) (would do / be doing)* noch einmal ausgiebig üben.

1. Anke las gerade eine Zeitschrift, als ...	Anke was just reading a magazine, when ...
2. ... das Telefon wieder klingelte.	... the phone rang again.
3. Sie war schon zweimal an das Telefon gegangen.	She had already been to the phone twice.
4. Würde dieses Mal jemand anderes gehen?	Would someone else go this time?

- Die Zeitform für eine Erzählung ist das *past (simple / progressive)* (1, 2).
- Was vor dieser Erzählzeit passiert ist, wird im *past perfect* erzählt (3).
- Etwas, das zum Zeitpunkt der Erzählzeit noch nicht passiert ist, wird im *future in the past* (4) erzählt.
- Nebenbei: Die Verwendung von *someone* in einer Frage kommt daher, dass dieser Satz von der Bedeutung her mit einer Bitte verwandt ist.

Lösung ➲ 103

Übungen:

1. Am Samstag wachte Paul um sechs Uhr auf.
2. Er hatte von dem Konzert geträumt.
3. In seinem Traum hatten Lisa und Agnes auf der Bühne gerauft.
4. Würde das wirklich passieren?
5. Paul stand auf.
6. Er entschied sich, dass er Lisa besuchen würde.
7. Er machte sich einen Kaffee.
8. Während er den Kaffee trank, dachte er an das Problem.
9. Vor eine Woche hatten sie keine Sängerin gehabt und jetzt hatten sie zwei.
10. (Vier Häuser weiter) wachte Lisa langsam auf.
11. Sie wusste nicht, dass Agnes bei der Probe gewesen war.
12. Sie freute sich auf die nächste Probe.
13. Als Paul klingelte, frühstückte sie gerade.
14. Paul setzte sich, aber er hatte keinen Hunger.
15. Er fragte Lisa, ob sie Agnes (in der letzten Zeit) gesehen hatte.
16. Sie sagte, dass sie sie seit Donnerstag nicht gesehen hatte.
17. Sie würde sie am Montag sehen, sagte sie.
18. „Agnes kam am Donnerstag in die Probe“, sagte Paul.
19. Lisa war überrascht. „Hat sie gesungen?“, fragte sie.
20. „Ja“ (Kurzantwort), sagte Paul leise.
21. „Hat sie gut gesungen?“
22. „Sie hat ungefähr so gut gesungen, wie du singst.“
23. Lisa verstand die Situation.
24. Die Jungen würden sie nicht mehr wollen.
25. Sie hatte sich auf Donnerstag gefreut.

26. Sie hatte viel geübt.
27. Paul fragte sich gerade, was er sagen könnte, als das Telefon klingelte.
28. Es war Mario.
29. Er fragte Lisa, ob sie am Donnterstag zur Probe kommen würde.
30. Über Agnes sagte er nichts.

„Mixed bag" – Wiederholung aller Zeitformen **26**

Im wirklichen Leben kommen grammatische Formen nicht schön nach Kapiteln verpackt vor, sondern bunt gemischt. Dieser „Normalfall" soll in den folgenden Übungen trainiert werden. Da wird es spannend, weil du zunächst erkennen musst, welche Möglichkeiten der Übersetzung es gibt, bevor du dich entscheidest, wie der jeweilige Satz richtig zu übersetzen ist.

Übungen:

Lösung ➲ 105

Hannah ist mit Freunden auf dem Spielplatz.

1. Hannah: Sollen wir die Enten füttern?
2. David: Nein, Enten füttern ist langweilig. Ich werde den Baum da hochklettern.
3. Nico: Ich komme mit! Ich klettere gern.
4. Emilia: Jungen! Sie sind nie still. Schau (mal), jetzt rennen sie. Hast du für die Deutscharbeit gelernt?
5. Hannah: Ich habe am Montag (für sie) gelernt. Meine Mutter hat gesagt, dass ich es muss.
6. Emilia: Ich habe noch nicht für die Arbeit / den Test gelernt.
7. Hannah: Du musst es bald machen. Morgen schreiben *(to do)* wir die Arbeit.
8. Emilia: Stimmt. Ich mache es jetzt. Dann können wir uns abfragen.
9. Hannah: Gut. Ich bin aber um die zwei da besorgt. Sie könnten sich vielleicht verletzen.
10. Emilia: Keine Sorge! Sie können auf sich selbst aufpassen. Sie können allein vom Baum herunterklettern.

1. Sandra malte gerade ein Bild, als Anke an der Tür klingelte.
2. Sie hatte verschiedene Ideen ausprobiert und viele Bilder lagen herum.
3. Sie hatte einige Bilder auf den Tisch gestellt.
4. Die anderen waren auf dem Boden ausgebreitet (worden).
5. „Was hast du (denn) hier gemacht?!", rief Anke.
6. „Man hat mir einen großen Malkasten geschenkt", erklärte Sandra. „Gib mir mal den Pinsel da, bitte. Malen macht Spaß!"
7. „Dieses Bild hier gefällt mir. Welche Blume ist es?"
8. „Das ist eine Sonnenblume. Ich habe zwei Sonnenblumen gemalt. Welche magst du lieber?"
9. „Diese hier. Du malst sehr schön. Diese Blume sieht wirklich schön aus. Du solltest eine Ausstellung machen *(have)*."
10. „Eigentlich sollte ich jetzt aufräumen. Wir müssen um halb acht an der Turnhalle sein. Wir haben dann Basketball-Training."
11. „Ach, bis dahin wirst du es (schon) gemacht haben. Ich helfe dir! Wir arbeiten immer gut zusammen."

1. Lisa hatte gehört, dass Agnes in der Band gesungen hatte.
2. Sie wusste nicht, was sie machen sollte.
3. Sie war sich nicht sicher, ob sie zur nächsten Probe gehen sollte.
4. Schließlich konnte Franzi sie überreden.
5. Sie sagte: „Der Platz in der Band ist dein Platz, nicht ihrer."
6. „Dieser Platz ist dir angeboten worden. Du musst ihn nehmen."
7. Am Donnerstag wurde Lisa von Mario abgeholt.
8. „Ich konnte nicht früher kommen", sagte er. „Ich musste meinem Vater helfen."

1. „Ich habe eine gute Nachricht für euch zwei", sagte Mario zu Lisa und Agnes.
2. „Hier sind die Noten für zwei Sängerinnen. Ihr könnt zusammen singen."
3. Agnes und Lisa sangen gut zusammen. Es hörte sich gut an.
4. Nachher konnten sie miteinander sprechen.
5. Lisa fragte Agnes, ob sie (wegen des Konzerts) nervös wäre.
6. Agnes sagte, sie sei nicht nervös.
7. „Viele Leute werden zu Hause bleiben", sagte sie.
8. „Die meisten Männer werden vor dem Fernseher sitzen. Sie werden Fußball schauen."
9. Vor dem Auftritt sagte Anke Lisa, wie sie ihr Make-up auftragen sollte.
10. „Die schwarze Hose ist genau richtig", sagte Anke.
11. Anke und Sandra konnten zuschauen, als die Band spielte.
12. Viele Leute waren da.
13. Die Band war gut. Die Mädchen sangen sehr gut.
14. Nachher hatte Lisa (viel) Spaß *(enjoy)*.
15. Als sie mit Paul tanzte, sah sie glücklich aus.
16. Sandra und Anke sahen sich an und lachten glücklich.

Lösungen

Irren ist menschlich. Wenn du feststellst, dass sich deine Lösung von der hier angebotenen unterscheidet, helfen dir vielleicht die Bemerkungen in der rechten Spalte. Da werden einige möglichen Fehlerquellen genannt, beziehungsweise Alternativen gegeben. Solltest du eine Übersetzung geschrieben haben, die als Alternative nicht angegeben wird, dann ist sie nicht unbedingt falsch. Im Englischen gibt es viele Möglichkeiten, etwas auszudrücken. Frage bei deiner Lehrerin oder deinem Lehrer nach!

1 Simple past perfect

1. When I phoned, the party had already *started*.	oder: *already* ***begun***
2. They hadn't noticed that I wasn't there.	
3. I *had stayed* at home because I was tired.	*war* geblieben = ***had*** *stayed*
4. After I had done my *homework*, I went to bed.	*Hausaufgaben* im Englischen Singular
5. I hadn't been in bed long when *the doorbell rang*.	es klingelte = *the doorbell rang*
6. My parents had gone out without *a* key.	Der Artikel *(a)*, der im Deutschen fehlt, ist im Englischen unentbehrlich.
7. I tripped over the cat. *In the dark* I hadn't seen it.	Die adverbiale Bestimmung gehört entweder an den Anfang oder ans Ende des Satzes.

At five o'clock Hannah's mother found out where Hannah had been.

1. She*'d been at Karin's house.*	*to be* kommt in der Verlaufsform des Plusquamperfekts nur sehr selten vor; bei Karin = *at Karin's house*
2. They had played three games.	

3. Hannah had won *twice*.

   zweimal = *twice*

4. She'd had a nice time.
5. But they'd forgotten to feed Karin's dog.
6. Then he'd barked and they'd *remembered*.

   oder: *thought of it*

1. A: (Do you know what?) Lisa came home late last night. She had been at one of Paul's band *practices*. Do you think she likes him?

   oder: *rehearsals*

2. S: *Maybe*. Had she heard the band before?

   oder: *perhaps*

3. A: *Not really*. She had only heard a cassette before. She had had the cassette a long time before she listened to it.

   eigentlich = *actually*,
   eigentlich nicht = *not really*

2 Past perfect progressive

1. It had been raining, so the ground was wet.
2. Lisa was tired because she had been working *hard*.

   hard ist Adjektiv und Adverb,
   hardly = kaum

3. Dad had backache because he'd been digging in the garden.
4. The dog had been running around outside and he was *worn out*.

   oder: *exhausted*

5. He'd been running around *since* six o'clock.

   bei *for, since* normalerweise Verlaufsform

2.

It was five o'clock and the family was / were sitting round the table.

1. Lisa had just been singing, and looked a bit dreamy.
2. Anke was still red in the face because she had been playing volleyball *for the last hour.*

   oder: *for an hour*
3. Hannah had been playing *at a friend's house* and now she was hungry.

   bei einer Freundin = *at a friend's house*
4. Dad and the cat had been *climbing a tree* and they both looked tired.

   auf einen Baum klettern = *to climb (up) a tree*
5. Mum had been baking cakes. She still had her apron on.

3.

On Thursday evening Lisa was babysitting. The parents came home at half past nine.

halb zehn = *half past nine*

1. They had been playing badminton in the *gym*.

   gym = Turnhalle, *grammar school* = Gymnasium
2. Lisa didn't go straight home. Paul's *band* practised every Thursday, and she had been planning to listen to *them* for some time.

   Sammelbegriffe wie *band, class, family* werden oft als Plural betrachtet.
3. Paul had been playing the drums for four years, and he was quite good.

3 Mixed simple and progressive forms of the past perfect

1.

1. When Anke came home, her mother had already *got (the) dinner ready.*

   oder: *prepared the dinner*
2. *When* she had eaten, she *did* her *homework*.

   oder: *after;* Hausaufgaben machen = *to do homework*

3. Hannah had been eating sweets and her face was smeared with chocolate.
4. She had been eating sweets since *half past eleven* and was *no longer hungry for dinner*.

halb zwölf = *half past eleven;* oder: *wasn't hungry for dinner any more*

1. When Lisa arrived at the *practice* room, the boys had just started a new piece.

oder: *rehearsal*

2. "What do you think *of it*?" asked Paul, when they had finished playing the song.

Eine einzige Übersetzung für „dazu" gibt es nicht; man muss von Fall zu Fall entscheiden.

3. He was red in the face, perhaps because he had been playing so energetically.
4. He was rather hoarse, *too*, as he had been singing loudly.

oder: *He was **also** ...*

"Not bad," answered Lisa, "when is the next concert?" – "Not yet. We're looking for a girl singer.*"*

Eine weibliche Form von *singer* gibt es nicht.

5. Lisa drank a Cola with the boys. They had obviously been drinking *a lot*, because there were *empty bottles lying around* everywhere.

much nur bei Fragen oder Verneinungen; oder: *empty bottles were lying around ...*

6. Later, *when* she was lying in bed, Lisa thought about what Paul had said.

oder: *as*

7. "We need a girl singer," he had said.
8. Well, she had once sung a solo in the sixth class and she had a nice voice.
9. She *had been singing* in the school choir since the fifth class ...

möglich wäre auch: *had sung*

4 Revision: auxiliaries

1. Paul can play computer games.
2. He *won't* always *be able* to do that.
   Futur von *can* und *must*
3. One day he will have to work.
4. You don't have to do your homework (right) now.
5. You can do it later.
6. In the first class you weren't allowed to do it later. You *always had to* do it straight away.
   Satzstellung: *must always,* aber *always had to*

1. *This afternoon* I *must* bake a cake for my sister's birthday party.
   heute Morgen / Nachmittag / Abend = *this morning / afternoon / evening*; *must* mit der Bedeutung „ich will", *have to* mit der Bedeutung „die Umstände (Geburtstag) zwingen mich ..."; beide sind hier möglich.
2. I can't leave it *any longer*.
   nicht länger = *not any longer*
3. Yesterday I had to go into (the) town and buy *a present for her*.
   oder: *her a present*
4. Luckily I didn't have *to spend* much money.
   to spend – spent – spent
5. Tomorrow I'll be able to relax.
6. It was great last *summer* when you were allowed to visit Germany.
   im Sommer = *in summer*, aber bei „im letzten Sommer" wird „im" nicht übersetzt.
7. *May* I visit you next year?
   oder: *can*
8. Mum says that I needn't worry about the air fare.
9. She will be able to afford it.

5 Translation of "könnte" and "konnte"

1. Where could we *go* (to)?	*drive* nur, wenn man selbst am Steuer sitzt, aber auch dann nicht unbedingt
2. We could go to the zoo.	
3. No, the zoo could be too crowded.	
4. We could go to the wild life park.	
5. *Yes, we could.*	Kurzantwort mit Wiederholung des Subjekts und des Hilfsverbs
6. Could you *bring* me the map, *please*?	oder: *Please could you ...,* *Could you please ...?;* (her)bringen = *to bring, fetch,* (hin)bringen = *to take*
7. Where is it? Could it be in the car?	
8. Yes, it could.	Kurzantwort
9. Could you *fetch* it for me, *please*?	oder: *get;* Satzstellung mit *please* wie oben

Sandra used to have a cat ...	
1. The cat could catch *mice*.	Singular: *mouse*, Plural: *mice*
2. Sandra could *only* hope (that she would be able to rescue the mice).	mit *only* normalerweise *could*, wegen negativer Bedeutung von *only*
3. But she couldn't always manage it.	
4. When the cat *got* old, it could hardly walk.	oder: *became*; in der Umgangssprache ist *to get* üblicher.
5. It could only watch the mice.	

1. Lisa couldn't *(get to)* sleep.	*to go to sleep* = (zufällig) einschlafen, normalerweise in einem positiven Satz (→ Kapitel 1, 2, 4); *to get to sleep* = es schaffen, einzuschlafen, oft in einem verneinten Satz wie hier

2. She could only think about everything that had happened on that day.
3. She could hear her father in the kitchen.
4. Couldn't he sleep *either*?

auch nicht = hier: *not either*; **nicht:** *neither*

5. When she was finally able to get to sleep, she didn't sleep well.
6. *In a dream*, she was able to rescue her cat from a fire.

oder: *She dreamt that she …*

7. Then she woke up and *could* really *smell* smoke.

… could smell (→ Übung 1, 1) *to smell – smelt (smelled) – smelt (smelled)*

8. She was able to wake her family (up) in time.
9. They were all able to get out of the house.
10. The fire brigade was soon able to put out the flames.

6 May – might

Hannah and her friends are playing hide and seek. Everyone has been found, except Richard and David. The others are wondering where they might be.

1. H: They may be in the garage, because Richard likes cars.
2. E: They may *not* be together *at all*, because they don't get on particularly well.

gar nicht = *not … at all*

3. N: They *might* be in the tool shed.

unbegründet, also *might*

4. E: David may be in a tree. After all, he looks like a *monkey*, and he can climb like *a monkey*, too.

Die Wiederholung kann man mit *one* elegant vermeiden: *he can climb like one, too.*

The friends search in all these places without success, and discuss the matter again.

5. E: *Those two* might not be *hiding*, they might be at the playground.

   die beiden Kinder = *both children*, aber ohne Nomen *those two;* Verlaufsform, weil sie sich in diesem Moment vielleicht nicht verstecken.

6. H: I *can hear* voices in the kitchen! They may be (in) there.

   can hear, weil die Verben *see, hear, feel, smell, taste* meist nicht in der Verlaufsform gebraucht werden.

7. H: They might be eating biscuits.
8. N: We had better hurry, otherwise all the biscuits *may* be gone.

   may, weil der Grund für diese Vermutung vom Inhalt her klar ist; aber *might* ist auch möglich

The lads really are sitting there munching away. When they see the others, they laugh.

9. E: You *may* think it's funny, but it *isn't* funny at all.

   may, weil der Grund für die Vermutung (das Lachen) offensichtlich ist; oder: *it's not ...*

10. H: My mother may be cross about the biscuits.

So the boys go into the garden and come back with a bunch of flowers from Hannah's mother's flower bed.

11. D and R: That might help.

7 Should – ought to

1. A: If you want to improve your English, you should go to England.
2. In England you ought (really) to speak English the whole time.

3. R: *Should I really?*

   Kurzantwort; Hilfsverb + Subjekt, das Wort „das" wird nicht übersetzt.

4. A: Well ... you should at least *try*.

   oder: *try to*

5. You shouldn't stay in London *all the time*.

   oder: *the whole time*

6. One ought (really) to see the West of England.
7. You should be *more adventurous*.

   längere Adjektive steigerst du mit *more – most.*

8. R: Ought I to *go* by *train*, or should I fly?

   oder: *travel*; oder: *rail*

9. A: How should I know?
10. You ought *to be able to* decide that for yourself.

    Infinitiv von *can = to be able to*

8 The infinitive after question words

Paul and his friends were just practising a new song. But the music was rather badly written ...

1. They didn't know *how* loud to play it.

   kein Komma vor *how*

2. The singer wasn't sure when *to start singing.*

   oder: *to start to sing*; stilistisch schlechter (zweimal *to*)

3. Paul showed Andi how to play his part.
4. *But Andi still* didn't know what to play.

   oder: *But still Andi ...*

5. There were two endings and they didn't know which to take.
6. They wondered where to play the song.
7. They weren't sure whether to play it *at all*.

   at all nur am Ende des Satzes

8. They asked Paul's father how to play it.

9. They *learned* from him what to do.

to learn – learnt (learned) – learnt (learned)

Anke and Sandra are planning how to bring Paul and Lisa together.

1. S: Funny ... Paul asked after Lisa *yesterday*. He doesn't usually do that. Perhaps he likes her.

Adverbien der Zeit *(yesterday, last year)* stehen am Satzende oder Satzanfang: *Yesterday, Paul ...*

2. A: He *must* be mad. He should know *better*.

„müssen" bei Vermutungen = *must*; *better* ist (wie im Deutschen) Adjektiv und Adverb zugleich: *good / well – better – best.*

3. S: Oh, she's okay, your sister. But I don't know whether to tell her. If he likes her, then she ought to know (about it).

„schon" muss hier nicht übersetzt werden; „ich" und „wir" sind natürlich unterschiedlich, aber der Sinn ist hier ähnlich, sodass „wir" ausgelassen werden kann.

4. A: No, we can't *tell* her. I know what to do. We can invite those two / both of them to a basketball match ...

Bei *tell* wird das „es" nicht mitübersetzt, wohl aber bei *say*: *say it to her.*

5. S: ... and we'll tell them where to sit.
6. A: Exactly. Together, of course!

Sandra and Anke tried that idea; but it didn't work.

7. Lisa didn't know whether *to go* or not.

hingehen = *to go (there)*

8. She said she ought (really) to do her homework.
9. They asked Paul, but he *told them to go* without him.

oder: *told them (that) they should go ...*

10. S: They ought to thank us. They shouldn't *say "no"* to everything. Now I don't know what to do.

Verb und direktes Objekt werden in der Regel nicht getrennt.

11. A: *Well*, we shouldn't give up. Paul goes to discos, *doesn't he*? Lisa should go *to a disco*. I'll tell her what to wear and how to put her make up on. She ought to *know how to do* it herself (, but she's hopeless).

   „Also" stellt hier keine Schlussfolgerung dar, wird also nicht mit *so*, sondern mit *well* übersetzt; Bestätigungsfrage *(tag-question)* mit *to do;* in eine Disko = *to a disco;*
   oder: *know herself how ...*

12. S: Yes, *let's try* that.

   versuchen wir ... = *let's try ...*

9 Adjektives after certain verbs

1. The sky looked dark.
2. The wind *sounded* spooky.

   sich anhören = *to sound,*
   sich (etwas) anhören = *to listen to (something)*

3. "The weather looks bad," said Uncle Heini.
4. "It doesn't look good for our picnic," said his wife.
5. "Perhaps it *will* be sunny later," she said.

   oder: *it* ***may*** *be sunny later ...*

6. She was always optimistic.
7. In the afternoon the weather *turned* nice / lovely / beautiful.

   became wäre hier zu steif.

8. Uncle Heini looked *thoughtfully* at the cake.

   „nachdenklich" beschreibt die Art und Weise, wie er schaut und nicht sein Aussehen, darum Adverb.

9. "The cake looks funny, but it tastes good," said Uncle Heini.
10. "*I don't think* it looks at all funny," said Aunt Elspeth. "It's just turned / gone a bit black at the edge."

   Die Verneinung wird im Englischen dem einführenden Verb („Ich finde ...") zugeordnet.

The disco idea sounded great. Anke and Sandra told Lisa (that) she should go to the disco on Saturday ...

1. L: *Why should I?* You two are always telling me *what to do* these days.

   kein Objekt mit einem Hilfsverb allein; „das" wird nicht übersetzt; auch möglich: *what I should do*

2. A: Oh, come on, Lisa. Discos are *fun*.

   „lustig" wird mit einem Nomen: *fun* übersetzt; *funny* heißt „komisch".

3. L: But I wouldn't know what to *wear*. I look silly in a mini-skirt.

   oder: *put on*

4. S: You *may* feel silly, but you'll look great.

   könntest vielleicht = *may* (→ Kapitel 6)

5. L: I don't know how to put make-up on *either*.

   auch nicht = *not ... either*

6. A: No problem, I *do*. *I'll help* you to look good. Yesterday I looked *quickly* (what there was in / at the chemist's). There are lipsticks that taste nice.

   to do steht hier für *to know;* „ich helfe ..." als Angebot muss im Englischen mit Futur übersetzt werden (→ Kapitel 13); *quickly* beschreibt die Handlung „schauen" und nicht wie Anke ausschaute.

7. L: ... and smell wonderful, of course. Well, you know where to find me on Saturday evening: at home. And *I shall* look normal, taste normal, and smell normal! You can't turn me into a disco-queen *so easily*.

   I shall ist ausdrücklicher als *I'll;*

   Adverb *so easily* nur am Satzende

10 Position of the adverb and adverbial clauses of time

1. *At school* yesterday Anke *talked to* Sandra about Lisa.	oder am Satzende in derselben Reihenfolge; mit jmdm. reden = *to talk to someone*
2. (Today) she's *still* thinking about it [today].	*still* (= noch) gehört wie die Häufigkeitsadverbien direkt vor das Verb (aber → Satz 6).
3. At break-time she usually eats a bread roll.	
4. (This morning) Anke ate her bread roll *quickly* [this morning].	Auch in der Endposition werden Adverbien der Art und Weise vor Adverbien der Zeit gesetzt.
5. *Unfortunately* it had been raining, and outside everything was completely wet.	kommentierendes Adverb am Satzanfang; nur *of course* darf am Ende oder in der Mittelposition stehen.
6. *Still* / In spite of that, Anke and Sandra went outside.	*still* als kommentierendes Adverb am Satzanfang (→ Satz 2)
7. Luckily they *soon* found a dry place where they could talk quietly.	*soon* kommt direkt vor das Verb oder aber an den Satzanfang / das Satzende. Ohne *luckily* hätte man *soon* an den Satzanfang stellen können.
8. "(This afternoon) I'*m going to* visit my grandma at the old *people's* home [this afternoon]," she said.	Going-to-Futur, weil geplant; Apostroph vor dem „s", wegen unregelmäßigem Plural
9. "*(Actually)* you could come with me *[, actually]*."	*actually* in Mittelstellung würde Überraschung oder Unwahrscheinlichkeit vermitteln.
10 (Thoughtfully) she added [thoughtfully]: "She's terribly old. She can't see very well. I *often have to* read *(something) to her*. You read better *than me*."	*to have to* ist kein echtes Hilfsverb, deshalb kommt das Häufigkeitsadverb *often* vor *have to* und nicht direkt vor *to read*; oder: *read her something;* oder: *than I do*

11. Anke asked *nervously*: "Is she nice? *Do I have to* be very polite?"

In diesem Fall könnte das Adverb jede Position einnehmen; *must I* würde betonen, dass Anke Sandras Meinung dazu wissen will und ist also auch möglich.

12. Sandra said *reassuringly*: "You should greet her politely, of course, and you must speak *clearly*, because she doesn't / can't hear (very) well. But you'll *probably* like her. *I'm sure* (that) she'll like you, *too*.

She likes young people *very* much and Paul *almost never* visits her.

Anders als bei Nr. 11 muss *reassuringly* am Satzende stehen;

clearly vor dem Verb würde heißen: „Es ist klar, dass du reden musst"; *probably* nur in dieser Position oder nach *but;* „bestimmt" wird in diesem Fall nicht mit *certainly* übersetzt, weil es eine Vermutung ist und keine Gewissheit; *too* nur am Ende; möglich ist auch: ... *she'll also like you*; *very* kann nicht allein stehen wie im Deutschen; Häufigkeitsadverb vor dem Verb. Auch *nearly never* wäre denkbar.

1. "I wasn't particularly nervous *at school this morning*," said Anke, "but I *am* now. Whenever I *meet* somebody for the first time I'm very shy."

Ort vor Zeit; „jetzt bin ich es": das deutsche Wort „es" wird nicht übersetzt; *meet* kann auch „sich treffen mit" und „begegnen" heißen.

2. "I don't believe it / that. You're *never* shy! *Ever since* I've known you you've been cheerful and uncomplicated. And when you see my grandma, you won't be frightened / scared *any more*."

never nur in Binnenstellung; *ever since* ist nachdrücklicher als *since* allein.

keine ... mehr, nicht ... mehr = *not any more*

3. "I *won't / shan't* believe that until I've seen her," said Anke.

Futur, weil keine gewohnheitsmäßige Handlung

4. When they arrived at the old people's home *they took their coats / jackets off*. In old people's homes it's usually very warm.

   to take – took – taken
   oder: *they took off their coats / jackets*

5. When Anke saw Sandra's grandma she became much / a lot calmer. The grandma was very nice and *often* laughed.

   Häufigkeitsadverb vor dem Verb

6. "Before you came I was bored. *Whenever I'm bored* I think about the past. When I was young, everything was different. When I was as old as you, *there were* no washing machines and no aeroplanes. *Now* everybody's got a washing machine."

   oder: *When I'm bored I always think ...;*
   es gibt = *there is / are;*
   Adverbien der Zeit am Satzende oder Satzanfang;

7. "But that's good / a good thing, Grandma," said Sandra gently. "Before Mum had a washing machine she always grumbled about the washing. We saw an old washtub *in the museum last week*. You *probably* had one like that when you were younger, *did(n't) you*, Grandma?"

   Ort vor Zeit;
   oder: *I expect / suppose you ...;*
   didn't you ist eine Bestätigungsfrage. *Did you* ist eine „echte" Frage. Hier wäre beides denkbar.

8. "Yes, I did. I've *probably* told you that already / before. *In those days* people / one / you had to work hard."

   probably vor dem Verb oder nach Komma am Satzende;
   Adverb der Zeit am Satzanfang oder Satzende

9. "*Of course. But at least we* haven't got an aeroplane *yet*," giggled the girls.

   oder: *Of course. At least we ... yet, though*

10. "That's true," laughed Grandma. "When you get one, I'd *really* like to fly *with you*."

really mit betonender Funktion nur in Binnenstellung; „mitfliegen" verlangt im Englischen ein Pronomen *(you, me)*.

11. "You'll have to wait until we've got the money together. When I've married a millionaire I'll own a private aeroplane, of course, and you can / you'll be able to fly *with me everywhere*."

Future im Hauptsatz bei *present (perfect)* Nebensatz.

oder: *everywhere with me*

12. The three (of them) spent / had a lovely afternoon together. Anke read the newspaper *loudly and clearly to Grandma* after they had looked at *some* photos. Then the girls went home before it got dark.

oder: *to grandma loudly and clearly ...;*
es sind bestimmte Fotos gemeint, also muss *some* ergänzt werden.

11 Questions with "(what) shall I / we ...?; could you ...?; would you...?"

We're looking in *on one of the boys' band practices. Paul is the drummer, and his friends Mario, Robert and Andi play the guitar, the keyboard and the bass guitar respectively.*

1. M: We *must* practise for this / that party in October. We *have to* play there for about two hours.

must, weil es ist die Meinung des Sprechers ist, dass sie proben sollen; *have to*, weil es ihnen aufgetragen wurde, zwei Stunden lang zu spielen.

2. R: OK. What shall we start *with*? Could we play "Over the Moon"?

Die Präposition *with* steht am Ende.

3. A: Yes, why not? Shall we tune up *first*? Would you give us *an* "E", Robert?

first: das Adverb der Zeit steht am Satzende;
an statt *a* vor einem Vokal

4. R: *(Plays an "E")*. Are you all ready? Shall we start?

They start to play "Over the Moon".

5. P: (Just a moment!) Could we play the beginning *again*? How shall I *do* this rhythm? Shall I play it *like this* ... or *like this* ...?

again ist ein Adverb der Zeit und steht daher am Satzende; „machen" heißt hier nicht *make* (= schaffen, verursachen), sondern *do* (= tun, ausführen); so (= auf dieser Weise) = *like this.*

6. R: The *second* one was better. Could you do that again?

second darf nicht ohne (Pro)nomen stehen, daher *one.*

Paul repeats it.

7. R: Yes, that's great. Shall we carry on?

They play the whole song.

8. A: Could we play it again? We got / became slower *at the end*. Should it be like that?

at the end am Satzanfang oder am Satzende

9. M: *No, it shouldn't really*. Paul, would you play the last part again, please?

oder: *No, not really.*

10. P: Shall we all play it, or shall I play it *on my own*?

Wenn es um eine Handlung geht, wird „allein" als *on my own / by myself* übersetzt. Für einen Zustand gilt die Übersetzung *alone.*

12 Present tense with future meaning: simple form and progressive form

1. K: Is Sandra coming to Carola's party on Saturday?
2. J: No, she's not. She's baby-sitting on Saturday evening.

3. K: And is Anke coming?

4. J: I'm afraid not. On Saturday afternoon she's playing in a basketball match and in the evening she's going *to a concert* with her parents. Her sister is playing a solo in the concert.

> in ein Konzert = *to a concert*

1. K: When is the party, actually?
   J: *This Saturday*.

> oder: *On Saturday*

2. K: And when *does* it start?

> bei Fragen (und Verneinungen) *to do*

3. J: It begins at eight. There's a bus that leaves here at (a) quarter to eight. It arrives at five past eight.
4. K: What time does the party finish?
5. J: Well, it finishes when *everyone* goes home, of course. But the last bus goes / leaves at five past eleven.

> Für Zählbares verwendet man nicht *all* (, es sei denn es heißt „jeder von denen": *all of them*).

At the band practice again ...

1. M: *We're playing at* a party in October. Do *you all* know when *it begins*?

> *we're playing*: (Futur) Vereinbarung; **auf** einer Party = ***at** a party*; alle = *everyone*, aber: ihr alle = *you all*; *it begins:* „Fahrplan"-Präsens mit futurischer Bedeutung.

2. P: No, *I don't*.

> „ich nicht" verlangt im Englischen ein Verb, nämlich *to do*

3. M: The party starts at eight.

4. A: How long are we playing (for)?
5. M: We're playing for two hours.
6. P: Who's *taking* the drumset (there)?

herbringen = *to bring,*
hinbringen = *to take*

7. M: *I've thought* of that *(already)*. My father's taking it in his lorry.

oder: *I've already thought ...*

8. R: And do you know *what time* the party finishes?

um wie viel Uhr = *what time*

9. M: The party finishes at twelve o'clock. At twelve my father is driving us home.

13 Expressing future events with the will- and going to-futures

1. L: Could you please go out of my room? I'm *going to practise the violin*.

überlegtes Vorhaben, also *going to*; Geige üben = *to practise the violin*

2. H: No problem. *I'll* listen.

spontane Idee, also *will*

3. L: No, you won't. I'm going to practise *alone / on my own.*

„Allein" könnte sich auf die Handlung (üben) oder auf den Zustand (alleine) beziehen, daher gibt es die zwei Möglichkeiten.

4. H: OK, then I'll go out.
5. L: Dad's *going to* mend your bike *this afternoon*.

Wegen der Zeitangabe *this afternoon* wäre das *present progressive* (in futurischer Bedeutung) auch durchaus korrekt.

6. H: I know. I'm going *to help* him *with* it.

bei ... helfen = *to help with*

1. D: This hill is very steep. It's going to be hard / difficult (to cycle up it / there).

will ist auch denkbar aber weniger gut; „steil" spricht für eine hohe Wahrscheinlichkeit, dass es wirklich schwer wird.

2. N: That doesn't matter. I'm sure we'*ll* manage it.	Es gibt keinen Anhaltspunkt für diese Annahme, daher ist nur *will* geeignet.
3. D: I hope there will be a restaurant up there.	
4. *We'll* be thirsty when we get there.	oder: *we're going to be ...*, weil die Umstände es vermuten lassen.
5. N: Look at those two racing cyclists. *Who* will be at the top first, *do you think*?	oder: *who do you think will ...*
6. D: I'm sure *the one in red* will win.	der in Rot = *the **one** in red*
7. N: But they're nearly there, and the other one is ahead. Look ... he's *going to* win!	Hier wird die Vermutung begründet, also *going to*.

1. A: What shall I do this afternoon? ... I know (what)! I'll bake a cake.	
2. H: Cool! Anke's *going to* bake a cake. What sort / kind of cake is it going to be / will it be, Anke?	Von einer spontanen Idee *(I'll bake a cake)* ist es zu einem festen Vorhaben geworden, darum *going to*.
3. A: I don't know yet. I'll get the cookbook. Ah, *it says* here "chocolate cake". I'll make a chocolate cake.	es steht (geschrieben) = *it says*
4. H: *I'll help* you. What are you *going to do* first?	spontanes Vorhaben; Hannah nimmt an, dass Anke schon überlegt hat, was sie zuerst machen will, darum *going to*.
5. A: First I'm going to get everything ready. Then I'm going to mix the ingredients.	
6. H: *I'll* do that for you!	spontane Bereitschaft: *will*
7. A: No (you won't), I'm *going to* do that.	überlegtes Vorgehen: *going to*
8. H: Well, *then* I'm *going to make* the icing.	oder: *then* am Satzende; das *going to* unterstreicht Hannahs aggressive Entschlossenheit.

9. M: Could you please look after the milk (on the stove)? I'm going to get / fetch the washing in. *It looks as if it's going to rain*.

begründete Vorhersage

10. H: Yes, mum, we*'ll* look after the milk.

spontanes Hilfsangebot

11. A: What will happen if I put coffee in (to) the cake? Do you think (that) it will taste nice?
12. H: No, I don't think it will taste nice. Don't do that; I don't like coffee. Oh, quick, Anke! That / the egg. It's *going to* roll off the table!

Vorhersage mit offensichtlichem Grund: *going to* vermittelt den Eindruck, dass das Ei gleich runterrollt, daher muss „gleich" nicht übersetzt werden.

13. A: ... Too late. We*'ll* clear it up *before it gets dry*.

spontane Reaktion: *will*; adverbialer Nebensatz der Zeit: kein Futur (→ Kapitel 10)

14. H: Look out! The milk (on the stove) – it's going to boil over!
15. A: Oh no! Now we'll have to clear that up too; and mum *will probably* tell us off.

Mit *probably* ist *will* üblicher, auch wenn Gründe vorhanden sind.

14 Future progressive and future perfect

The band are planning to play a birthday serenade for Andi's girlfriend Isabel, at seven o'clock on Tuesday evening. It's supposed to be a surprise.

1. P: What will she be doing at *seven o'clock in the evening*, Andi? Will she be celebrating / having a party?

neunzehn Uhr = *seven (o'clock) in the evening*

2. A: No, she won't be celebrating / having a party. She'll probably be *doing* her homework.

machen (ausführen) = *to do*, machen (schaffen, kreieren) = *to make*

3. R: What will her parents be doing?
4. A: *Well*, her father will probably be painting. Painting is his hobby.

„Also" drückt hier keine Schlussfolgerung aus, wird also nicht mit *so* sondern mit *well* übersetzt.

5. P: And her mother?
6. A: She'll be getting ready to go out. She goes to gymnastics every Tuesday. Isabel's sister, Maria, will be knitting. She'll be knitting a pullover for her little brother. She does that every evening.
7. M: And the little brother ... what will he be doing at seven o'clock in the evening? Won't he be going to bed?
8. A: No, he *won't*. He'll probably be playing with his cars.

Bei der Kurzantwort wird nur das *will / won't* wiederholt, das *be* nicht.

Will seven o'clock in the evening really be a convenient time?

1. P: Will they (already) have eaten *by* seven o'clock?

Wenn eine Handlung bis (19 Uhr) dauert, dann wird „bis" mit *until* übersetzt; wenn die Handlung bis (19 Uhr) beendet ist, wird „bis" mit *by* übersetzt.

2. A: Yes, they will have eaten by then, and Isabel's mother will have washed up.
3. R: Perhaps / maybe her little brother will (already) have gone to bed.

4. A: No, he won't have gone to bed. But he will *have had a bath.*

baden = *to have a bath,* gebadet haben = *have had a bath*

5. M: Perhaps / maybe Isabel will (already) *have finished her homework*.

mit (etwas) fertig sein = *to have finished (something); homework* braucht meistens ein Possessivpronomen *(his, her, your, ...),* auch wenn im Deutschen der Artikel steht.

6. Andi: She will have done maths. But she won't have done English. She doesn't like English.

15 Passive in simple present, simple past and present perfect

1. "(Look at that little dog!) I think *he*'s been abandoned.

he, weil die Mädchen mit dem Hund Mitleid haben, *it* wäre auch möglich.

2. *He's been tied (up)* to the fence."

„Man hat ...": im englischen Satz mit Passiv wiedergegeben, weil es sich auf einen Unbekannten, nicht den Sprecher bezieht.

3. "Perhaps he was *bought* as a Christmas present.

to buy – bought – bought

4. Now he's not wanted *any more.*"

„nicht mehr" hier: *not any more,* oder: *not any longer*

5. "(I'm sure you're right.) *Lots of* dogs are abandoned every year."

oder: *a lot of*

6. ... Soon the dog was *taken* to the *police station*.

herbringen = *to bring*; hinbringen = *to take;* die Polizei (die Menschen) = *the police* (Plural); das Gebäude = *police station* (Singular)

7. The two children were taken / driven there *by their father*.

Der Vater ist der *by-agent*, im Deutschen mit „von" eingeleitet.

8. The dog was examined.

Mario rings (up) / phones Paul with some bad news ...

1. M: Paul, something *has happened*. Andi has been injured.	ist passiert = *has happened*
2. P: Oh, no! How has he been injured, *then*?	*then* hier nur am Satzende möglich.
3. M: He was playing football. He *was* hit on the head by a ball, and was knocked down.	*Simple past*, weil die Umstände nicht mehr aktuell sind; auch *got* würde hier gut passen.
4. P: And *was he* injured on his / the head?	Auch *present perfect*: *has he been* ... ist hier denkbar, da die Verletzung an sich noch aktuell ist.
5. M: *No, he wasn't*. His right arm is broken. He fell on(to) it.	oder: *No, he hasn't* (ohne *been*)
6. P: Was he taken *to hospital*?	oder: *has he been* ..., da er noch im Krankenhaus ist; *to hospital*: ohne Artikel, da es sich hier um die Einrichtung und nicht um das Gebäude handelt.
7. M: Yes, he was rushed to hospital. He won't be able to / can't play the guitar for the next six weeks.	
8. P: Bother! Then we can't play for Isabel. That's the second time that a performance *has been cancelled* because of an injury.	ohne (auch angedeutete) Zeitangabe: *present perfect*

16 Passive in future, past perfect and infinitive; progressive form of the passive

There is an article in the local newspaper about the abandoned dog in chapter 15.

1. (A young dog was found at the side of the road yesterday.) It had been tied (up) to a fence.
2. It had *probably* been bought for / at Christmas.

   Stellung des Adverbs: Bei *past perfect* steht *probably* (u. a.) direkt vor dem Partizip Perfekt.
3. (When it had become too big), it was abandoned.
4. It cannot be taken in by the two girls by whom it was found.
5. *A new home must be found for the dog.*

   oder: *A new home for the dog must be found.*
6. It (is fond of children, and) should be taken in by a nice family.
7. *At the moment* it is being looked after by the police.

   „Im Moment, gerade" usw. sind Signalwörter für die Verwendung der Verlaufsform.
8. It cannot be looked after by the police for long.
9. The two girls ought to be rewarded.
10. When the dog arrived at the police station it had already been *named by the girls "Tramp"*.

    oder: ... *named "Tramp" by the girls*
11. (When a new home is found for the dog,) the girls will be informed.
12. When our reporter arrived, the girls were just being praised by the police.

17 Reported speech

1. Lisa *says that* she practises the violin every day.

   says that ...; asks me whether ...: immer ohne Komma; Adverb der Zeit am Satzende
2. She says she's got a concert soon.
3. She often asks me if / whether I want to listen.
4. She says that it helps.
5. She says / thinks that it will help at the concert.

1. Paul told his uncle that he *played* in a band.

   Rückverschiebung der Zeiten: *play → played*
2. Paul's uncle told Paul that he *had played* in a band when he *was* younger.

   played → had played; das Verb des adverbialen Nebensatzes ändert sich nicht.
3. He said he *didn't* have time for music *now*.

   oder: *hadn't got ...;* das Adverb der Zeit wird nicht zurückversetzt; man sagt nicht *then* für *now*.
4. Paul said *he'd just come* from a rehearsal.

   he has just come → he had just come
5. Paul's uncle asked Paul *how the rehearsal had gone*.

   how did the rehearsal go? → how the rehearsal had gone.
6. Paul said that the rehearsal *hadn't been bad*.

   wasn't bad → hadn't been bad
7. He told his uncle that the band *was going to play* a concert in October.

   geplante Handlung, also *going to-future*
8. He said that he thought it *would be* a good concert.

   will be → would be
9. He thought / said the songs were good.
10. Paul asked his uncle whether he knew a young, pretty girl singer.

11. His uncle said that he'd met one last week / the week before.
12. He thought Paul *might* know this girl too.

may → might

Lisa's English penfriend, Rebecca, gets a letter from Lisa. Rebecca's sister wants to know what's in the letter. Rebecca tells her ...

1. She says *she's writing* in German.

Verlaufsform des Präsens: Lisa berichtet, was sie gerade macht, und Rebecca überträgt dies in die indirekte Rede.

2. She says she's too lazy to write in English.
3. She asks me *how I am*.

How are you? → how I am; beachte die Satzstellung in der indirekten Rede.

4. She asks me what we're doing at school now.
5. She says they're just learning *how to write* a summary.

Fragewort mit Infinitiv → Kapitel 8

6. She asks me whether I can do it (yet).
7. She says they *had to* learn a lot of *vocabulary* last week.

had to = simple past von *have to; vocabulary*: im Englischen unzählbar

8. She says that *they're writing* a test next week.

Wie im Deutschen *present tense* mit futurischer Bedeutung, weil eine Zeitangabe vorhanden ist.

9. She says *she's sure* she'll get a five.

to be sure meistens mit *will-future*

10. She asks me to send her *some* English comics.

Wenn im Deutschen keine Mengenangabe steht, eine Verallgemeinerung (z. B. *English comics are* ...) aber nicht gemeint ist, dann muss *some* oder *any* vor das Nomen.

11. She says they're *more fun* than school books.	oder: *funnier*, was aber heißt: „komischer", *more fun* heißt: „es macht mehr Spaß ..."
12. She *tells* me to write again soon, and to say hello to my family for her.	oder: *asks*

Here is a phone conversation between Rebecca and Lisa. After it Rebecca has to tell her mother the content of the conversation ...	
1. I asked if I could *speak Lisa*.	mit jmdm. sprechen = *to speak to someone; can I speak → if I could speak*
2. She said she was Lisa. She asked me how I was.	
3. I told her that I was well. I asked her if / whether she *had had a letter* from me.	oder: *received*; aber umgangssprachlich: *have a letter*
4. (She said she had.) She said it *had come* on Wednesday. She said the comics had come / arrived as well.	*came → had come*, oder: *had arrived*
5. I said *I had only posted them on Monday*. I said the post was sometimes really quick. I asked her whether / if she had read them *yet*.	oder: *I hadn't posted them until Monday*; „schon" wird in Fragen meistens mit *yet* übersetzt.
6. (She said she hadn't.) She said she couldn't read English so quickly. She said *she was slow by nature*. But she said *she would read* them soon. She said that her sister Anke would probably read them, too. She said *she wouldn't be able to* understand all of it / everything. She said she had *only* been learning English *for* two years.	oder: ... *she was naturally slow*; *I will read → she would read*; *she won't be able to → she wouldn't be able to*; erst seit = *only for* (Zeitraum); oder: *only since* (Zeitpunkt) Verlaufsform bei *for* und *since*

7. I asked her *if she would come / be coming* to England this year. I asked her when she *would be able* to visit me.

   oder: *if she was going to come;*
   will be able → *would be able*

8. She said that she hoped she would be able to come in the summer holidays. She asked me whether / if I would be at home *then.*

   Adverb der Zeit am Satzende

9. I said I would be there *for* the first three weeks. I asked her if she could come then.

   Zeitraum mit *for*

10. She said she *thought* that she *could* come then.

    Beide Verben werden zurückversetzt.

11. I asked her *to bring* a packet of ("Semmelknödel") with her again. I said they *tasted* so *good*. I told her not to forget her swimming costume. I said we would often go swimming. I told her to write again soon.

    Aufforderungssatz mit Infinitiv; nach den Verben *to taste, smell, look* usw., folgt Adjektiv *(good)*, nicht Adverb *(well)* (→ Kapitel 9).

18 Pronouns with "-self, -selves" and the reciprocal pronoun with "each other"

1. Did your father make this table himself?
2. *Did you make* this / the cake *yourself*?

   oder: *have you made ... yourself?*

3. Hannah baked it (all) *by herself.*

   by herself: Wichtig ist hier die Tatsache, dass Hannah keine Hilfe benötigte.

4. (The garden's lovely.) *Did you plant* everything *yourselves*?

   oder: *have you planted ...;*
   ihr → *yourselves*, du → *yourself*

5. No, but we planted the apple tree ourselves.

6. *Do you eat* all the apples yourselves?

   Gewohnheit, also *simple present*
7. No, we *only* eat half of them ourselves.

   Stellung des Adverbs *only* direkt vor dem Verb
8. (That's Hannah's garden.) She looks after it (all) by herself.

1. When one is enjoying oneself time goes *more quickly*.

   Steigerung des Adverbs
2. Help yourselves! Please help yourself, Lisa.
3. Anke and Sandra help each other with their homework.
4. Andi hurt himself (playing football).
5. When he fights with his brother, they sometimes hurt each other.
6. May I introduce myself?
7. Paul and Andi introduced themselves to the doctor.
8. Lisa (went out of the house without a key and) locked herself out.
9. *That* dog has cut itself on a piece of (broken) glass.

   that = der … da
10. Isabel says: „Andi and I love each other."

Paul visits his uncle.

1. Paul *wondered* why his uncle had invited him.

   oder: *was wondering …*
2. He knew (that) he would enjoy himself at his uncle's (house).
3. U: Hello, Paul! Come in and make yourself comfortable.
4. Sit down and relax!

5. We haven't seen each other *for a long time*.	*for a long time* am Satzende
6. Have you chosen a singer *yet*?	Bei echten Fragen wird „schon" mit *yet* übersetzt. Bei Ausrufen in der Form einer Frage: „Was?! Habt ihr schon eine Sängerin ausgesucht?", übersetzen wir „schon" mit *already*.
7. P: No, but you said (that you knew one and) that we *might* know each other.	*may* nicht möglich, wegen der Zeitform *(past)*
8. U: Yes, I imagine that you know each other.	
9. I *mean* Lisa Schmidt. Don't you remember the school concert?	meinen + Objekt: *mean*
10. P: Yes ... but I wonder *if* she really ...	oder: *whether*
11. U: Well, you and the others *must* decide.	Es ist die Meinung des Sprechers, dass sie sich entscheiden müssen, deshalb *must*.
12. Think about it.	

1. D: I'm looking forward to tomorrow.	
2. *I'm going to buy* myself a new bike tomorrow.	oder: *I'm buying ...*, weil eine Zeitangabe vorhanden ist *(tomorrow)*.
3. N: *Are you going to pay* for it yourself?	oder: *Are you paying ...*
4. D: Yes. *I'm going to buy* myself a helmet, too.	oder: *I'm buying ...*
5. Then I shan't / won't hurt myself.	
6. N: Do you *remember* Richard's accident?	*to remember* normalerweise nicht in der Verlaufsform
7. He has recovered now.	

8. *He's repaired* his bike himself.

Present perfect, weil die Tatsache für den Zuhörer neu ist. Wenn beide Beteiligten das Fahrrad schon gesehen hätten, wäre das *simple past he repaired* wahrscheinlicher.

9. D: There's your grandmother. Can she *climb the stairs / steps* by herself?

oder: *get upstairs / get up the stairs*

19 Verbs with two objects (in active and passive voice)

Mother tells a story: Once upon a time there was a rich young girl ...

1. (When it was her birthday,) *she was given* expensive presents.

   man gab ihr = *she was given*

2. Wonderful birthday cards were sent to her (from all over the world).
3. Her father showed her (some) gold and silver.
4. "When you are 21 years old, all this will be given to you," he said.
5. "But you must promise me one thing.
6. (You must marry Lord H.) Promise me that."
7. The girl told her maid everything.
8. She was shown an old house in the village.
9. "Stay here. Your food will be brought to you," said the maid.
10. "Your letters will be sent to you."

11. One day a poor man wrote her a letter.
12. "I'm sorry if I cause you (any) trouble," he wrote.
13. "But can you please send me some money?"
14. As a reward I'll sing you a song."
15. The rich girl wrote him a letter immediately.
16. "I'll give you some money, but you must give me something, too.
17. *If I'm found*, I shall be handed over to an ugly old man.

kein *will* im If-Satz

18. Please promise me your help!"
19. He offered the girl his help.
20. Then the poor man lent the girl his horse.
21. Soon afterwards he offered her his everlasting love.
22. "... And now I have told you the story of your greatgrandparents," said Hannah's mother.

20 Revision: gerunds

The gerund as subject or object of the sentence

Hans is a neighbour of the Schmidt family. Lisa tells her friend ...

1. Driving (a *car*) is difficult for Hans.

   car ist nicht unbedingt nötig für „Auto fahren".
2. Getting in and out of the car is especially difficult.
3. But he likes driving (the car).
4. He likes helping his wife.
5. She doesn't like driving.
6. She suggested buying a bigger car.
7. Finding the right car was not easy / simple.
8. But getting into the new car is easier.
9. Hans loves driving fast.
10. He can't imagine giving up driving.

The gerund with prepositions

1. Before his accident, Hans was crazy about sailing.
2. He was very good at sailing, *too*.

   oder: *He was also ...*
3. Every weekend he looked forward *to* getting into his boat and sailing away.

   Bei zwei *gerunds* nacheinander, muss die Präposition (hier: *to*) nicht wiederholt werden.
4. He wasn't afraid of falling in(to) the water.
5. He got tired of only sailing on lakes.
6. He often thought of / about sailing over the open sea.

7. But he didn't get round to doing that.
8. He knew all about sailing.
9. We children were always interested in helping him (to get ready).
10. What a shame that we were so bad at *tying* knots.

to tie → *tying*

Gerunds with and without prepositions

1. We always liked / enjoyed going down to the lake with Hans.
2. We didn't *mind* getting wet occasionally.

to mind mit Gerund wird fast nur in verneinten Sätzen und Fragen verwendet.

3. He was keen on giving lessons.
4. He started taking Paul *with him*.

with kann nicht ohne *him* stehen.

5. I couldn't imagine sailing with Hans.
6. I enjoyed / liked watching them (from the edge of the lake).
7. I wasn't *very* good at swimming.

very als die typisch englische Untertreibung

8. I was afraid of drowning.

21 "Which" and "what"; and the peculiarities of some English nouns

1. Lisa asked her friends for *(some) advice*.

advice ist nicht zählbar, daher *some advice*, es kann auch allein stehen.

2. (Paul had asked her if / whether she wanted to sing in the band, and) she didn't know what to do.

Vergleiche die Positionen der Kommas im Englischen und im Deutschen.

3. Her friends said: "*That's* great *news*!"	*news* nur im Singular
4. "What luck!"	
5. But Lisa said / thought she needed *more information* before she could decide.	*information* nur im Singular; auch *a lot more …*
6. She didn't know *what* songs to sing.	bei einer unbegrenzten Auswahl *what*
7. Paul had *lent* her a song book, but she didn't know *which* of the songs she could sing best.	*to lend – lent – lent* bei einer begrenzten Auswahl *which*
8. Clothes were also a problem for her.	
9. "What dress shall I put on?" she asked her friends.	
10. "I would *suggest wearing trousers*," said Franzi.	*to suggest* mit Gerund; keine bestimmte Hose ist gemeint, also **ohne** *some.*
11. "I've got *some black trousers and some white* ones. Which should I wear, do you think?"	oder: *a pair of black trousers and a pair of white …*; da bestimmte Hosen gemeint sind, ist es nötig, *some* zu verwenden (es sei denn, man sagt: *a pair of …).*
12. "(That depends.) What jewellery have you got?"	
After school the girls went to a department store to look at clothes …	nach der Schule = *after school*
13. They took the escalator, as the (normal) *stairs* were further away.	Bei *stairs* ist das Verb immer im Plural.
14. Ladies clothes were on the second (2nd) floor.	
15. Lisa wasn't sure what colours to wear.	

16. Andrea *was able* to give her a piece of advice / some advice.

Wo eine Möglichkeit in die Tat umgesetzt wurde, heißt „konnte" im Englischen nicht *could*, sondern *was / were able to* (→ Kap. 5).

17. "*You should either wear* black or white," said Andrea. "Which do you prefer?"

oder: *you should wear either …*

18. "Black clothes are always nice," said Lisa.
19. "A lot of people think that (black is depressing / a sad colour, but) I often put black jeans / a pair of black jeans on."

22 Possessive pronouns, with and without "of"

Lisa has been at a concert with a group of friends. Afterwards the cloakroom attendant is rather confused …

1. ("Does this umbrella belong to you *(people)*?") – "No, it's not ours."

Um den Plural deutlich zu machen, wird oft *you people, you children, you lot* verwendet.

2. "Maybe it's theirs."
3. "(What are you doing with that umbrella?) It's mine!"
4. ("And these two jackets?") – "They are ours."
5. "Which is yours and which is mine?"
6. "Mine must be a bit bigger."
7. ("Whose is this bag?") – "It looks like Paul's bag. I think it is his."
8. "No, it's not mine."

9. "(Franzi has (got) the same bag as me / as I have.) *That's hers.*"

   oder: *It's hers*

10. "Yes, this one (with the teddy bear) is mine."

1. R: That new CD of yours – the Spice Girls CD – *can I* borrow it?

   oder: *may I*

2. It's not for me, it's for a friend of mine.
3. P: For David? He can't have *any CD of mine*.

   oder: *any of my CDs*

4. He won't give it back. That's a habit of his.
5. Anke went / was going shopping with *two friends of hers*.

   oder: *two of her friends*

6. She was looking for a present for a (girl) cousin of hers.
7. When Birgit *suggested buying* a book, Anke said: "That's a good idea of yours."

   to suggest mit Gerund

8. The bookshop was crowded. Birgit said: "Perhaps that / this *wasn't* (such) a good idea of mine."

   „kein(e)" kann nicht immer direkt übersetzt werden.

9. "*What* is this cousin of yours interested *in*?", asked Daniela.

   Wenn das Objekt (als Fragewort) am Satzanfang steht (hier: *what*), steht die Präposition des Verbs am Satzende.

10. "She's interested in horses. That's a hobby of hers," said Anke. ("*I'll* buy her a book about horses.")

   will-future für eine neue Idee

23 Mixed simple tenses, active and passive voice

1. Paul went to the *rehearsal on Thursday*.	Erzählung: *simple past*; Adverb der Zeit am Satzende.
2. He had already spoken to Lisa.	
3. The whole thing hadn't been difficult.	
4. But he wondered *what the others would say*.	*what will the others say? → what the others would say*
5. P: *I have found* a (girl) singer.	keine Zeitangabe, neue Information: *present perfect*
6. I *gave* her some music *yesterday*.	Zeitangabe: *simple past*
7. Do you know Lisa Schmidt?	
8. M: I know her, but the others don't know her.	
9. Will she come to the rehearsal today?	
10. P: (So far) she hasn't had time to practise the songs. So she *won't* come today.	*will not = won't*
11. The others were worried. *Would* Lisa come to the rehearsal next week?	*will → would*

1. Lisa didn't come to the rehearsal.	
2. She had been invited to a birthday party.	*Past perfect*, weil die Einladung davor lag.
3. She said to / told her friends: "Yesterday I was asked *if I would go* to a rehearsal today."	*will you go ...? → if I would go*
4. "Why didn't you go?" they asked.	
5. *"I'm not* often *invited* to a birthday party," laughed Lisa.	mit *to be* kein *to do*

6. "I hope you will inform us about your first concert," said Franzi.
7. "We'll / we shall all come."
8. But why *had Lisa been chosen*?

   „man" (unpersönlich): Passiv im Englischen
9. Agnes thought secretly that Lisa *wouldn't* do it well.

   won't do → *wouldn't do*
10. She thought: "I sing better than Lisa.
11. Now the chance will never be given to me / Now I shall never be given the chance," she thought.
12. "Why wasn't I told *before*?

    simple past wegen Zeitangabe *before*
13. I *have been ignored*."

    keine Zeitangabe, Zustand dauert an: *present perfect*
14. But *she didn't say anything*.

    nichts → *not anything;* oder: *she said nothing*
15. Would she be forgotten now?
16. "I won't be forgotten!" she thought secretly.
17. At nine o'clock she went away from the party.
18. She went to the rehearsal.

24 Progressive tenses in active and passive voice

1. Paul and his friends were just playing "Over the moon" when Agnes came in.
2. "Hi! What are you doing here, then?" said Mario.
3. "I've heard that *you've been looking* for a girl singer."

   Mit der Verlaufsform betont Agnes sowohl die Dauer als auch, dass der Ausgang der Handlung noch offen ist.

4. "Yes, but we've found one now.

Simple present perfect: Die Handlung ist abgeschlossen und auf einen Zeitpunkt reduziert.

5. When we found her, *we had been looking* for five weeks."

Mario betont die Dauer des Suchens, deswegen Verlaufsform.

6. "Isn't she singing *with you* this evening?"

Im Englischen kann eine Präposition nicht ohne Bezugs(pro)-nomen stehen, deshalb *with* ***you***.

7. "No, *she said she would be going* to Franzi's birthday party."

"I will be going to" → she said she would be going to

8. "What a pity! But I'm not doing anything (particular) at the moment.

9. *I'll* sing the songs for you."

spontanes Hilfsangebot: *will-future*

10. "Just a moment," said Mario, "what *are you doing* on 23rd October?"

Präsens mit futurischer Bedeutung

11. "I *shan't / won't be doing* anything (in particular). Why?"

Verlaufsform des Futurs: Anke will sagen, was sie voraussichtlich zum Zeitpunkt des 23. Oktobers gerade machen wird. Siehe auch Kapitel 14.

1. Franzi asked Lisa *if she would be / was being picked up from the party.*

will you be picked up / are you being picked up → if she would be / was being picked up

2. "Yes," said Lisa, "I'll be / I'm being picked up by my father."

3. "Where has Agnes gone (to)?" asked Andrea.

(Simple) present perfect; die Abwesenheit von Agnes ist jetzt erst bemerkt worden.

4. "Perhaps she has already been picked up," said Lisa.

5. "But she didn't say (that) *she was being / would be picked up."*

I am being picked up / I will be picked up (beides Passiv) → *she was being / would be picked up*

6. "She was still there *while* the coffee was being made," Andrea remembered. — *while* oft mit *progressive tense*
7. "While we were drinking coffee, the door was *closed*." — oder: *shut*
8. "That's right. I *heard* the door, too. The CD *was just being changed*. — *Simple past*, da von einem Zeitpunkt in der Vergangenheit gesprochen wird. Hier wird der Zeitraum beschrieben, in dem die Tür zugemacht wurde.
9. Actually Agnes had *gone quietly*, while the others *were talking* about the rehearsal. — oder: *quietly gone;* oder: *had been talking ...*
10. And while they *were wondering* where she could be, Agnes was singing with the band. — zwei Handlungen während eines Zeitraums: zweimal *past progressive*
11. "This time yesterday *I was just being asked* by Paul whether I would sing in the band," said Lisa happily. — „gerade" verlangt im Englischen die Verlaufsform.
12. "And this time next week you will be singing," said Franzi.

25 Mixed past tenses

1. On Saturday Paul woke up at six o'clock.
2. He'd *been dreaming* about the concert. — Verlaufsform, weil der Traum zur Zeit der Erzählung noch aktuell ist und ihn noch beschäftigt.
3. In his dream Lisa and Agnes had fought on the stage.
4. Would that really happen?
5. Paul got up.

6. He decided *that he would visit Lisa*.
   I will visit Lisa → that he would visit Lisa
7. He made himself a (cup of) coffee.
8. While he was drinking the coffee, he thought about the problem.
9. A week ago they had had no singer / hadn't had a singer, and now they had two.
10. (Four doors away) Lisa *was* slowly *waking up*.
   oder: *Lisa ... woke up*
   to wake – woke – woken
11. She didn't know that Agnes had been at the rehearsal.
12. She *was looking forward* to the next rehearsal.
   to look forward to meistens mit *progressive*
13. When Paul rang (at the door) she was just having breakfast.
14. Paul sat down, but he wasn't hungry.
15. He asked Lisa if she had seen Agnes (recently).
16. She said that she hadn't seen her since Thursday.
17. She would see her on Monday, she said.
18. "Agnes came to *the rehearsal on Thursday*," said Paul.
   Ort vor Zeit!
19. Lisa was surprised. "*Did* she *sing*?" she asked.
   Simple past, weil die Handlung schon abgeschlossen ist.
20. "Yes, she did," said Paul quietly.
21. "Did she sing *well*?"
   hier ist „gut" ein Adverb.
22. "She sang about as well as you sing."
23. Lisa understood the situation.
24. The boys *wouldn't want her* any more.
   won't want me → wouldn't want her
25. She had been looking forward to Thursday.

26. She had practised *a lot*.

In Aussagesätzen wird „viel" normalerweise mit *a lot* übersetzt (Aber bei Fragen, Verneinungen und „zu viel" mit *much*).

27. Paul was just wondering what he could say, when the phone rang.
28. It was Mario.
29. He asked Lisa if *she would be coming* to the rehearsal on Thursday.

will you come ...? als Einladung oder Bitte, aber *will you be coming* als echte Frage

30. He didn't say anything about Agnes.

26 A "mixed bag" – revision of all tenses

Hannah is at the playground with some friends of hers.

1. H: Shall we feed the ducks?
2. D: No, feeding the ducks is boring. I'm going to climb *that* tree.

den da = *that*, den hier = *this*

3. N: I'm coming *with you*. I like climbing.

Im Englischen darf eine Präposition nicht allein stehen, deshalb „mit" = *with* ***you***.

4. E: Boys! They *never* stand still. Look, now they're running. Have you learned / learnt for the German test?

mit *never: simple present*

5. H: I *learned* for it on Monday. My mother said (that) I *had to* (learn for it).

Zeitangabe: *simple past*; *had to*: Vergangenheitsform von *must*

6. E: I haven't learned for the test *yet*.

yet ist Signalwort für *present (perfect).*

7. H: You *must* do it soon. We're doing the test tomorrow.

must (nicht *have to*), weil Hannah ihre eigene Meinung ausspricht

8. E: That's true. *I'll* do it now. Then we can test each other.	spontaner Entschluss, also *will-future*
9. H: OK / Right. But *I'm worried* about those two. They might hurt themselves.	„Sich Sorgen machen" ist im Englischen nicht reflexiv, das heißt, hier wird „mir" nicht extra übersetzt.
10. E: Don't worry. They can look after themselves. They can get down from the tree *by themselves*.	„Allein" wenn es eine Handlung (und keinen Zustand) beschreibt, wird mit *by (him)self* übersetzt.

1. Sandra was just painting a picture when Anke rang the doorbell.	
2. She *had been trying out* different ideas *and lots of pictures were lying around*.	Das Ergebnis ist noch sichtbar, also *past perfect progressive*; oder: *There were lots of pictures lying around*
3. She had put some pictures on the table.	
4. The others *had been spread out* on the floor.	waren ausgebreitet worden = *had been spread out*
5. "What *have you been doing here*?!" cried Anke.	Anke betont die Wirkung (Bilder liegen herum) und nicht das Endergebnis (die Bilder selbst).
6. "I've been given a big paint-box," explained Sandra. "Just give me *that* brush, please. Painting is fun!"	Vergleiche Satz 7.
7. "I like this picture. *What* flower is it?"	*What* und nicht *which*, weil die Auswahl unbegrenzt ist.
8. "That's a sunflower. I've painted two sunflowers. *Which one* do you *prefer*?"	Hier ist die Wahl auf nur zwei Bilder begrenzt, deshalb *which*; *prefer* gehört zu den Verben, die praktisch nie als *progressive* erscheinen.
9. "This one. You paint very *nicely*. This flower looks really *nice*. You should have an exhibition."	Das Adverb *nicely* beschreibt die Handlung (Malen), das Adjektiv *nice* beschreibt einen Gegenstand (die Blume).

10. "I ought (really) to tidy up now. We *have to* be at the gym *at half past seven*. We've got basketball practice *then*."

11. "Oh, you will have done it by then. *I'll* help you. We *always* work well together."

Der Termin ist festgesetzt worden, also nicht *must*, sondern *have to*; halb acht = *half past seven; then* ist ein Adverb der Zeit und gehört deswegen ans Satzende.
will-future bei spontanem Hilfsangebot; *always* verlangt das *simple present* und steht vor dem Verb.

1. Lisa had heard that Agnes had sung with the band.
2. She didn't know *what to do*.

Fragewort + Infinitiv

3. She wasn't sure whether to go to the next rehearsal.
4. Eventually / In the end Franzi was *able* to persuade her.

Wenn eine Möglichkeit verwirklicht wird, heißt „konnte" *was able to*, wenn eine Möglichkeit besteht, aber nicht unbedingt verwirklicht wird, *could*.

5. She said: "The place in the band is your place, not hers."
6. "That place *has been offered* to you. You *must* take it."

oder: *was offered;* Franzi will ihre eigene Meinung ausdrücken, deshalb *must*.

7. On Thursday Lisa was picked up by Mario.
8. "I couldn't come earlier," he said. "*I had* to help my father."

Das *simple past* von *must* ist *had to*, egal ob es sich um die eigene Meinung handelt oder nicht.

1. "I've got (some) *good news* for you two," said Mario to Lisa and Agnes.

News ist nicht zählbar, deshalb kann „eine" nicht wiedergegeben werden.

2. "Here is the *music* for two singers. You can sing together."

Noten = *music*

3. Agnes and Lisa sang *well* together. It sounded *good*.

well beschreibt hier eine Handlung (singen) und ist Adverb, *good* beschreibt den Gesang und ist Adjektiv.

4.	Afterwards they *were able to* talk to each other.	Sie haben es wirklich gemacht.
5.	Lisa asked Agnes if / whether she was nervous (about the concert).	
6.	Agnes said she wasn't nervous.	
7.	"Lots of people will stay at home," she said.	
8.	"Most (of the) men will be sitting in front of the television. They'll be watching football."	
9.	Before the concert Anke told Lisa *how to put* her make-up on.	Fragewort + Infinitiv
10.	"The black *trousers are* just right," said Anke.	*trousers* wird als Plural behandelt.
11.	Anke and Sandra were able to watch when the band played / while the band was playing.	
12.	*A lot / lots of people were there.*	oder: *There were a lot of people there.*
13.	The band was *good*. The girls sang very *well*.	→ vergleiche Satz 3.
14.	Afterwards Lisa *enjoyed herself* (very much).	Spaß an etwas haben = *to enjoy something*, Spaß haben = *to enjoy oneself*
15.	When she danced / was dancing with Paul, she *looked happy*.	Adjektiv nach *to look, sound, smell ...*
16.	Sandra and Anke looked at each other and laughed *happily.*	Adverb, es beschreibt, wie Anke und Sandra lachen.

Vokabelverzeichnis Deutsch – Englisch

In diesem Vokabelverzeichnis findest du die Einträge mit der Bedeutung, wie sie in den Übungen vorkommt. Viele deutsche Wörter haben aber mehrere Entsprechungen im Englischen und umgekehrt. Darum kann es vorkommen, dass manchmal zu einem deutschen Wort zwei englische Ausdrücke angeboten werden. Der Zusammenhang im deutschen Text sagt dir dann, welches die passende Entsprechung ist.

A

Abend	evening
abenteuerlustig	adventurous
abfragen	to test
abholen	to pick up
absagen	to cancel
Abschluss	ending
Affe	monkey
allein (machen)	on one's own / by oneself
allein (sein)	alone
Altersheim	old people's home
anbieten	to offer
anbinden (an)	to tie (up) to
Angst haben	to be frightened / to be scared
(sich) anhören	to sound
ankommen	to arrive
anrufen	to phone
anziehen	to put on
Apfel	apple
Apfelbaum	apple tree
Ärger	trouble
arm	poor
aufgeben	to give up
aufnehmen	to take (took, taken)
aufpassen	to look after
auftragen (Make-up)	to put on
Auftritt	performance

aufwachen	to wake up
aufwischen	to clear up
ausgebreitet	spread out
ausleihen	to borrow
ausruhen	to relax
aussehen wie	to look like
außer	except
aussetzen	to abandon
aussperren	to lock out
Ausstellung	exhibition
aussuchen	to choose (chose, chosen)
ausziehen	to take off

B

Badeanzug	swimming costume
baden	to have a bath
begeistert sein	to be keen on
beginnen	to start
begrüßen	to greet
beide	both of them
bekommen	to receive
bellen	to bark
belohnen	to reward
Belohnung	reward
bemerken	to notice
bequem	comfortable
beruhigend	reassuring(ly)
(nichts) Besonderes	particular
besonders	especially
besorgt sein	to be worried
bleiben	to stay
blöd	silly
Blumenbeet	flower bed
Blumenstrauß	bunch of flowers

Boden	ground
Boden (Zimmer)	floor
brauchen	to need
Buchhandlung	bookshop

C

Computer-Spiele	computer games
Cousin, e	cousin

D

damals	in those days
danken	to thank
deutlich	clear
Deutscharbeit	German test
direkt	straight
Dorf	village
Drogerie	chemist's
dunkel	dark
durstig	thirsty

E

eigentlich	actually
eigentlich nicht	not really
eines Tages	one day
einkaufen gehen	to go shopping
einladen	to invite
endlich	finally
energisch	energetic
Ente	duck
entscheiden	to decide
(sich) entspannen	to relax
Erfolg	success
(sich) erholen	to recover
(sich) erinnern	to remember

erschöpft	worn out
ertrinken	to drown
essen	to eat (ate, eaten)
ewig	everlasting

F

Fahrrad	bike
fast	almost
feiern	to celebrate / to have a party
Feuerwehr	fire brigade
Flugpreis	air fare
(sich etwas) fragen	to wonder
(sich) freuen	to look forward to
fröhlich	cheerful
fühlen	to feel (felt, felt)
füttern	to feed (fed, fed)

G

Garderobenfrau	cloakroom attendant
Garten	garden
Geburtstagskarte	birthday card
Geburtstagsständchen	birthday serenade
Geige üben	to practise the violin
genau richtig	just right
Geräteschuppen	tool shed
geschehen	to happen
gespenstisch	spooky
gestern	yesterday
gewinnen	to win (won, won)
Gewohnheit	habit
glauben	to believe
glücklich	happy
Gold	gold
graben	to dig (dug, dug)

großartig	great
grüßen	say hello to

H

Hälfte von	half of
hässlich	ugly
heimfahren	to drive home
heimlich	secretly
heiser	hoarse
Helm	helmet
Herd	stove
herumliegen	to lie around
herumrennen	to run around
herunterklettern	to get down
heute Abend	this evening
heute Nachmittag	this afternoon
hingehen	to go (there)
hochradeln	to cycle up
hoffnungslos	hopeless
höflich	polite
holen	to fetch
Hosen	trousers
Hunger haben	to be hungry

I

in letzer Zeit	recently / these days
in Ruhe	quietly
interessiert an	interested in

J

Jacke	jacket

K	Kassette	cassette
	Kaufhaus	department store
	kennen	to know (knew, known)
	kennen lernen	to meet (met, met)
	Kerl	lad
	kichern	to giggle
	kinderlieb	fond of children
	Kleid	dress
	Kleidung	clothes
	klettern	to climb
	klingeln (an der Tür)	to ring (at the door)
	klingen, sich anhören	to sound
	Knoten binden	to tie knots
	Kochbuch	cookbook
	Konzert geben	to play a concert
	Krankenhaus	hospital
	Kuchen	cake

L	lachen	to laugh
	Landkarte	map
	langweilig	boring
	Lastwagen	lorry
	leer	empty
	leider	unfortunately
	leihen	to lend (lent, lent)
	leise	quiet
	lieber mögen	to prefer
	Lippenstift	lipstick
	loben	to praise
	löschen	to put out
	lustig	funny
	lustig sein	be fun

Magd	maid	M
malen	to paint	
Malkasten	paintbox	
Millionär	millionaire	
Minirock	mini-skirt	
mischen	to mix	
Mittagessen	dinner, lunch	
müde	tired	

nachdenklich	thoughtful	N
nass	wet	
natürlich	of course	
nennen	to name	
nervös	nervous	
Neuigkeit	news	
nicht länger	not any longer	
normalerweise	usually	
Noten	music	

offensichtlich	obvious(ly)	O
ohne	without	
Onkel	uncle	
optimistisch	optimistic	

Packung	packet	P
passend	convenient	
Pause	break-time	
Pferd	horse	
pflegen	to look after	
Pinsel	brush	
Polizei	police	

	Polizeidienststelle	police station
	Probe	practice / rehearsal
	proben	to practise / to rehearse
	Probenraum	practice room
R	Rat	advice
	(jmdm. einen) Rat geben	(to give s.o.) a piece of advice / some advice
	Rauch	smoke
	raufen	to fight (fought, fought)
	rechtzeitig	in time
	regnen	to rain
	reich	rich
	Rennradfahrer	racing cyclist
	reparieren	to mend / to repair
	retten	to rescue
	Rhythmus	rhythm
	riechen	to smell (smelt, smelt)
	Rolltreppe	escalator
	Rückenschmerzen	backache
	ruhig	calm
	runterrollen	to roll off
S	sanft	gentle
	Sängerin	girl singer
	(etwas) satt haben	to be tired of (sth.)
	schade	what a shame
	(etwas) schaffen	to manage (sth.)
	schimpfen	to grumble
	schimpfen	to tell off
	Schirm	umbrella
	schlafen	to sleep (slept, slept)

Schlagzeug	drums / drumset
schließlich	eventually
schmecken	to taste
Schmuck	jewellery
schneiden	to cut (cut, cut)
schnell	fast
schnell fahren	to rush
Schokoladenkuchen	chocolate cake
schrecklich	terrible
schüchtern	shy
Schulbuch	school book
Schulchor	school choir
Schulkonzert	school concert
Schürze	apron
See (der)	lake
Segeln	sailing
Semmel	bread roll
sich beeilen	to hurry
sich leisten können	to afford
sich sicher sein	to be sure
sich Sorgen machen	to worry
Silber	silver
singen	to sing (sang, sung)
sofort	immediately
Solo	solo
Sommerferien	summer holidays
Sonnenblume	sunflower
sonnig	sunny
sonst	otherwise
Spaß haben	to enjoy oneself
Spiel	game
Spielplatz	playground
spülen	to wash up
steil	steep

Stimme	voice
stimmen	to tune up
Stock	floor
stolpern über	to trip over
Straßenrand	side of the road
stricken	to knit (knitted, knitted)
Stück	piece
suchen	to look for / to search
Süßigkeiten	sweets

T

tanzen	to dance
Tasche	bag
teuer	expensive
toll	great
tragen (Kleidung)	to wear (wore, worn)
Training	practice
traurig	sad / hier auch: depressing
treffen	to hit (hit, hit)
Treppen	stairs
Treppen steigen	to climb the stairs
trinken	to drink (drank, drunk)
trocken	dry
Tschüss	cheerio, bye
Turnen	gymnastics
Turnhalle	gym

U

üben	to practise
überfüllt	crowded
übergangen werden	to be ignored
übergeben	to hand over
überhaupt	at all
überkochen	to boil over

überlegen	to think about
überrascht	surprised
überreden	to persuade
Ufer	edge (of the lake)
umwerfen	to knock down
Unfall	accident
ungefähr	about
unkompliziert	uncomplicated
untersuchen	to examine
Urgroßeltern	great-grandparents

verbessern	to improve
vergessen	to forget (forgot, forgotten)
verletzen	to hurt
verletzt werden	to be injured
Verletzung	injury
verrückt	mad
verschmiert	smeared
versprechen	to promise
verstecken	to hide
Verstecken (spielen)	(play) hide and seek
verträumt	dreamy
(gut) vertragen	get on (well)
verwandeln	to turn into
vielleicht	maybe
völlig	complete(ly)
von Natur aus	by nature
vorlesen	to read to
vorne liegen	to be ahead
vorschlagen	to suggest
vorstellen (jmdn. / sich)	to introduce (s.o. / o.s.)
(sich etwas) vorstellen	to imagine

V

W

wahrscheinlich	probably
Wäsche	washing
Waschmaschine	washing machine
wechseln	to change
weitermachen	to carry on
wenigstens	at least
Wie schade!	What a pity!
wiederholen	to repeat
wild auf etwas sein	to be crazy about sth.
Wildpark	wild-life park
wirklich	really
wunderschön	lovely

Z

Zaun	fence
ziemlich	quite
Zoo	zoo
zu etwas kommen	to get round to doing sth.
Zuber	washtub
Zuckerguss	icing
Zuhause	home
zur Post bringen	to post
zurückgeben	to give back
zuschauen	to watch
zuschicken	to send (sent, sent)
Zutaten	ingredients
zweimal	twice